Mehdi Chouiten

Architecture distribuée dédiée à la réalité augmentée mobile

Mehdi Chouiten

Architecture distribuée dédiée à la réalité augmentée mobile

Théorie et applications

Presses Académiques Francophones

Impressum / Mentions légales
Bibliografische Information der Deutschen Nationalbibliothek: Die Deutsche Nationalbibliothek verzeichnet diese Publikation in der Deutschen Nationalbibliografie; detaillierte bibliografische Daten sind im Internet über http://dnb.d-nb.de abrufbar.
Alle in diesem Buch genannten Marken und Produktnamen unterliegen warenzeichen-, marken- oder patentrechtlichem Schutz bzw. sind Warenzeichen oder eingetragene Warenzeichen der jeweiligen Inhaber. Die Wiedergabe von Marken, Produktnamen, Gebrauchsnamen, Handelsnamen, Warenbezeichnungen u.s.w. in diesem Werk berechtigt auch ohne besondere Kennzeichnung nicht zu der Annahme, dass solche Namen im Sinne der Warenzeichen- und Markenschutzgesetzgebung als frei zu betrachten wären und daher von jedermann benutzt werden dürften.

Information bibliographique publiée par la Deutsche Nationalbibliothek: La Deutsche Nationalbibliothek inscrit cette publication à la Deutsche Nationalbibliografie; des données bibliographiques détaillées sont disponibles sur internet à l'adresse http://dnb.d-nb.de.
Toutes marques et noms de produits mentionnés dans ce livre demeurent sous la protection des marques, des marques déposées et des brevets, et sont des marques ou des marques déposées de leurs détenteurs respectifs. L'utilisation des marques, noms de produits, noms communs, noms commerciaux, descriptions de produits, etc, même sans qu'ils soient mentionnés de façon particulière dans ce livre ne signifie en aucune façon que ces noms peuvent être utilisés sans restriction à l'égard de la législation pour la protection des marques et des marques déposées et pourraient donc être utilisés par quiconque.

Coverbild / Photo de couverture: www.ingimage.com

Verlag / Editeur:
Presses Académiques Francophones
ist ein Imprint der / est une marque déposée de
OmniScriptum GmbH & Co. KG
Heinrich-Böcking-Str. 6-8, 66121 Saarbrücken, Deutschland / Allemagne
Email: info@presses-academiques.com

Herstellung: siehe letzte Seite /
Impression: voir la dernière page
ISBN: 978-3-8416-2431-4

Copyright / Droit d'auteur © 2014 OmniScriptum GmbH & Co. KG
Alle Rechte vorbehalten. / Tous droits réservés. Saarbrücken 2014

Résumé

La réalité augmentée (RA) mobile consiste à faire coexister en temps-réel des mondes virtuel et réel. La mobilité est facilitée par l'utilisation de nouveaux dispositifs de types smartphones, et mini-PC embarquant un certain nombre de capteurs (visuels, inertiels,...). Ces dispositifs disposent toutefois d'une puissance de calcul limitée, qui peut s'avérer critique au vu des applications envisagées. L'une des solutions est de recourir à des mécanismes de distributions pour répartir les calculs sur un ensemble hétérogène de machines (serveurs ou autre terminaux mobiles). L'objectif de cette thèse est de concevoir une architecture logicielle dédiée à la réalité augmentée distribuée et plus particulièrement aux applications distribuées capable de fonctionner sur des réseaux ad-hoc constitués de terminaux hétérogènes déployées au travers d'un réseau dans un premier temps. Dans un deuxième temps, il conviendra de démontrer l'applicabilité de la solution proposée à des applications concrètes et d'explorer différentes possibilités d'exploitation originales de la distribution dans les applications de Réalité Augmentée en mettant l'accent sur la plus value apportée en terme de fonctionnalités ou d'opérations possibles en comparaison avec une solution de Réalité Augmentée classique (non distribuée) et en comparaison avec les performances des environnements dédiés à la RA existants offrant la possibilité de créer des applications distribuées.

Abstract

Mobile Augmented Reality (AR) consists in achieving to make co-existing virtual and real worlds in real time. Mobility is made easier by the use of new devices such as smartphones and wearable computers or smart objects (ex. Glasses) involving sensors (inertial, visual...). These devices have lower computation capabilities that can be critical to some Augmented Reality applications. One of the solutions is to use distribution mechanisms to distribute processing on several and heterogeneous machines.

The goal of this thesis is to design a software architecture dedicated to distributed Augmented Reality and more precisely to distributed applications that can run on ad-hoc networks including heterogeneous terminals deployed in a network. The second part of the thesis is to prove the feasibility and the efficiency of the proposed architecture on real AR applications and explore different original uses of distribution for AR applications. Focusing on the added value in terms of features and possible opérations compared to non-distributed AR applications and compared to existing frameworks offering distributed AR components.

Remerciements

Je voudrais remercier les personnes m'ayant encouragé et soutenu durant les années que j'ai consacrées à travailler sur mon sujet de thèse.

En premier lieu, je souhaite remercier mon directeur de thèse, le Professeur Malik Mallem, sans qui ce manuscrit n'aurait jamais vu le jour, pour la confiance qu'il m'a accordée en m'intégrant à l'équipe RATC, pour avoir dirigé et orienté cette thèse ainsi que pour ses nombreux conseils avisés tout au long de la thèse et les différentes corrections apportées à ce manuscrit.

J'exprime ma gratitude également au Docteur Jean-Yves Didier, mon co-encadrant de thèse, pour son volontarisme, son implication dans le sujet et sa disponibilité pour des corrections et des éclaircissements aussi bien théoriques que techniques sur le fonctionnement de ARCS et plus généralement sur nombre de problématiques liées à cette thèse.

Que les stagiaires qui ont contribué à ce travail soient également remerciés. Pierre Mauvy pour son état de l'art sur les techniques d'ajustement de faisceaux et Hannafi Marouan pour son intervention sur l'application ARCS Drone.

Je remercie également les membres du jury d'avoir accepté de juger ce travail, en particulier Laurence Duchien et Guillaume Moreau, rapporteurs de cette thèse et membres du jury. Ainsi que Pascal Poizat et Romain Rouvoy qui m'ont fait l'honneur de participer au jury de soutenance.

De plus, comment ne pas citer le Professeur Samir Otmane, qui a été mon premier contact avec l'université d'Evry. Les doctorants et membres de l'équipe RATC, notamment Yannick, Maxime et Christophe avec lesquels j'ai partagé de nombreux moments et avec lesquels les discussions ont souvent été l'occasion d'échanger et d'élargir ses horizons.

Enfin, je remercie mes parents de m'avoir inculqué l'amour de la culture et la persévérance dans le travail. Ils m'ont toujours soutenu malgré la distance qui nous a séparé durant ces années et je les en remercie. Je n'oublie évidemment pas mes proches amis dont beaucoup sont passés par le laboratoire IBISC et qui ont répondu présent à tout moment.

REMERCIEMENTS

Table des matières

Résumé iii
Abstract iv
Remerciements v
Table des matières vii

Table des figures   **1**

Glossaire   **5**

Introduction Générale   **7**

1 Réalité Augmentée : Etat de l'Art   **11**
  1.1 Introduction 11
  1.2 Tour d'horizon de la réalité augmentée 11
      1.2.1 Définition 11
      1.2.2 Taxonomies associées à la Réalité Augmentée 12
           1.2.2.1 Taxonomie technique de Milgram 12
           1.2.2.2 Taxonomie Fonctionnelle 15
      1.2.3 Domaines d'application de la Réalité Augmentée 16
      1.2.4 Défis à relever pour la RA et la RA mobile 17
           1.2.4.1 Diversité des capteurs, des environnements et des solutions technologiques 17
           1.2.4.2 Calibration et recalage 17
           1.2.4.3 Problématique d'interaction 18
           1.2.4.4 Contrainte temps réel 18
           1.2.4.5 Distribution 19
  1.3 Applications de RA distribuées 20
      1.3.1 Environnements logiciels dédiés 20
           1.3.1.1 Nécessité d'environnements dédiés 20
           1.3.1.2 Présentation des environnements logiciels dédiés . . . 20
      1.3.2 Discussion autour de la gestion de la distribution 26
           1.3.2.1 Réutilisabilité et facilité de programmation / fonctionnalités proposées 26
           1.3.2.2 Scalabilité 27
           1.3.2.3 Flexibilité et interopérabilité 28
           1.3.2.4 Comparaison des systèmes présentés 29
           1.3.2.5 Autres intergiciels non spécifiques à la RA 30
      1.3.3 Conclusion 31

2 Architectures logicielles distribuées — 33
2.1 Évolution des architectures informatiques — 33
2.2 Architectures distribuées existantes — 35
    2.2.1 Intergiciels orientés composants — 35
        2.2.1.1 ONC RPC — 36
        2.2.1.2 CORBA — 37
        2.2.1.3 JAVA RMI — 37
        2.2.1.4 Zero MQ (ØMQ) — 40
    2.2.2 Des objets aux web services — 40
    2.2.3 Webservices — 41
        2.2.3.1 Orchestration et chorégraphie — 42
    2.2.4 Paradigmes et technologies de Webservices — 43
        2.2.4.1 XML RPC — 43
        2.2.4.2 SOAP — 43
        2.2.4.3 REST — 46
        2.2.4.4 Autres standards — 48
        2.2.4.5 Discussion autour des Web Services — 48
2.3 Intergiciels basés composants ou web services ? — 50
2.4 Conclusion — 51

3 Proposition de modèles d'architectures distribuées pour la Réalité Augmentée — 53
3.1 Introduction — 53
3.2 L'environnement logiciel ARCS — 53
    3.2.1 Modèle d'application — 54
    3.2.2 Moteur d'exécution — 56
3.3 Conception du modèle d'intergiciel — 57
    3.3.1 Objectifs fixés — 57
    3.3.2 Antipatterns et modèles d'échec — 58
        3.3.2.1 Antipatterns — 58
        3.3.2.2 Modèles d'échecs — 59
    3.3.3 Middleware de ARCS — 60
    3.3.4 Détails du protocole de communication du middleware — 65
    3.3.5 Outils pour les développeurs d'application basées sur l'intergiciel — 65
3.4 Gestion des webservices — 66
    3.4.1 Modèle de webservices — 66
    3.4.2 Conception de l'architecture orientée services — 67
        3.4.2.1 Application ARCS cliente — 67
        3.4.2.2 ARCS en tant que Service — 68
        3.4.2.3 Serveur de services — 69
    3.4.3 Outils — 70
3.5 Conclusion — 71

4 Evaluation — 73
4.1 Nécessité d'une méthodologie dédiée — 73
4.2 Architecture de référence — 74
4.3 Objectifs d'une architecture distribuée dédiée à la RA — 75
    4.3.1 Contraintes spécifiques à l'environnement de développement — 75
    4.3.2 Critères qualitatifs non quantifiables — 76

		4.3.2.1	Rôle ambivalent des composants distribués	77
		4.3.2.2	Haut niveau d'abstraction	77
		4.3.2.3	Transparence et sensibilité au contexte	77
		4.3.2.4	Convention de nommage sémantique	77
		4.3.2.5	Facilité de programmation et réutilisabilité	78
		4.3.2.6	Flexibilité et interopérabilité	78
		4.3.2.7	Multicast	78
	4.3.3	Critères quantitatifs	79
4.4	Réalité Augmentée distribuée : Quelle performance est suffisante ?			79
	4.4.1	Identification de scénarios	80
	4.4.2	De la sélection de scénario	81
	4.4.3	Données échangées	83
		4.4.3.1	Données d'entrée brutes	83
		4.4.3.2	Descripteurs	84
		4.4.3.3	Scène finale	85
	4.4.4	Objectifs de performance	85
	4.4.5	Modèle du système	86
4.5	Conclusion			87

5 Applications 89
5.1 Introduction 89
5.2 Applications utilisant le middleware interne 89
5.3 Applications ARCS clientes 90

	5.3.1	Applications utilisant des services standardisés	90
	5.3.2	Applications utilisant des services non standardisés	91
	5.3.3	Applications utilisant des requêtes HTTP sans envoi de message structuré	94
5.4	Applications ARCS serveur		94
	5.4.1	Application de Réalité Mixte sous-marine	94

		5.4.1.1	Introduction	94
		5.4.1.2	Téléopération du ROV	96
		5.4.1.3	Architecture du système	97
		5.4.1.4	Interface utilisateur Web	99
		5.4.1.5	Application ARCS	100
		5.4.1.6	Transmission du flux de Réalité Mixte à travers le réseau	101
		5.4.1.7	Scenarios	101
		5.4.1.8	Variantes de l'application et tests	102
	5.4.2	L'application AR Drone		104
		5.4.2.1	Infrastructure du système	104
		5.4.2.2	l'AR Drone	104
		5.4.2.3	Serveur de traitement	105
		5.4.2.4	Internet / Nuage réseau	106
		5.4.2.5	Machine cliente	106
		5.4.2.6	Téléphone client	106
		5.4.2.7	Architecture de l'application	106
5.5	Conclusion			108

Conclusion Générale et Perspectives   **111**
5.6   Perspectives 112

Bibliographie   **115**

A   Détails du protocole de communication à travers le middleware de ARCS   121
    A.0.1   Connexion 121
    A.0.2   Sens maître − esclave 121
    A.0.3   Sens esclave - maître 121
    A.0.4   Sens esclave − esclave 122

B   Détails du modèle d'application de ARCS   125
    B.1   Modèle d'application 125
    B.2   Modèle de composant 126

C   Outils mathématiques pour la reconstruction 3D   129
    C.1   Détection et description de points d'intérêt 129
    C.2   Appariement 131
    C.3   Calcul de la matrice fondamentale 131
    C.4   Calcul de la matrice caméra 131
    C.5   Triangulation 132
    C.6   Ajustement de faisceaux 132
         C.6.0.1   Algorithme de Dog-Leg 133
         C.6.0.2   Algorithme de Levenberg-Marquardt 133
         C.6.0.3   Comparatif 134
         C.6.0.4   Implémentations existantes 134

D   Fiche technique de l'AR Drone utilisé   135
    D.1   Introduction 135
    D.2   Principales caractéristiques 135
    D.3   Dimensions 135
    D.4   Réseau 136
    D.5   Vidéo 136
       D.5.1   Caméra frontale 136
       D.5.2   Caméra verticale 136
    D.6   Centrale inertielle 136
    D.7   Altimètre ultrason 136
    D.8   Ordinateur embarqué 136
    D.9   Assistance au pilotage 137
    D.10   Aéronautique et structure 137
    D.11   Moteurs et énergie 137
    D.12   Système de sécurité 137

Table des figures

1.1 Illustration d'une application Réalité Augmentée par incrustation de texte. 12
1.2 Représentation simplifiée du continuum entre réalité et virtualité. 13
1.3 Degré de fidélité de représentation du monde réel. 13
1.4 Degré de connaissance du monde réel. 14
1.5 Degré d'immersion. 14
1.6 Classification fonctionnelle. 15
1.7 Illustration de la différence entre incrustation(a) et intégration(b). 16
1.8 DWARF : connexion de services. 21
1.9 Studierstube : propagation des événements à travers le réseau. 22
1.10 Tinmith : gestion transparente de la distribution. 24
1.11 VARU : principaux composants de l'architecture. 25

2.1 Architecture séparant les couches de présentation à l'utilisateur, métier et données. 33
2.2 Introduction à l'utilité d'un middleware. 34
2.3 Différentes couches d'une architecture en nuage. 35
2.4 Illustration de la séparation de l'interface et de l'implémentation d'un objet distribué et d'un RPC. 36
2.5 Génération de code pour différents langages à partir d'une même description XDR. 37
2.6 Fonctionnement de CORBA. 38
2.7 Couches de Java RMI. 38
2.8 Fonctionnement de Java RMI. 39
2.9 Structure d'un message SOAP. 44
2.10 Structure d'un message SOAP. 45
2.11 Modèle REST proposé par Fielding sur lequel sont appliquées les contraintes imposées. 48
2.12 Evolution de l'utilisation des standards de Web Services. 50

3.1 Feuille représentant des objets connectés entre eux. 54
3.2 Organisation des différentes balises d'un fichier XML décrivant une application. 55
3.3 Modèle d'application de ARCS (application mono-thread). 56
3.4 Principe de base du middleware de ARCS. 60
3.5 Middleware ARCS : Connection Esclave - Esclave. 61
3.6 Middleware ARCS : Connection Maitre - Esclave. 62
3.7 Exemple de description XML d'un client utilisant le middleware de ARCS 63

1

TABLE DES FIGURES

3.8 Exemple de description XML d'un service utilisant le middleware de ARCS 64
3.9 Visionneur d'applications distribuées ARCS. 66
3.10 Lanceur d'applications ARCS. 66
3.11 Exemple d'application ARCS cliente d'un service d'acquisition de données. 68
3.12 Vue conceptuelle du fonctionnement de ARCS en tant que serveur de services. 69
3.13 Exemple d'application externe cliente d'un service ARCS généré à la volée. 70
3.14 Capture d'écran de l'outil d'édition d'applications dédié à ARCS. 71

4.1 Architecture générique de référence pour la RA (MacWilliams). 75
4.2 Architecture générique pour les applications ARCS. 76
4.3 Scénarios de distribution des systèmes de RA. 80
4.4 Principales données échangées au sein d'une application de RA distribuée. 83
4.5 Données vidéos : meilleur cas / pire cas. 84
4.6 Données échangées : meilleur cas. 84
4.7 Données échangées : pire cas. 84
4.8 Comparatif de performance des algorithmes de description. 85

5.1 Algorithme de l'application SLAM monoculaire. 90
5.2 Exemple d'une application ARCS utilisant les services de google. 92
5.3 Exemple de résultat d'utilisation du webservice de reconstruction 3D. 93
5.4 Exemple de description XML d'une tâche à traiter par le service SfM. 93
5.5 Le ROV à l'UCPA Aqua 92 à 5 mètres de profondeur. 95
5.6 Application de RA sous-marine : Flux de données échangés. 97
5.7 Application de RA sous-marine : Architecture de l'application. 98
5.8 Application de RA sous-marine : Infrastructure matérielle du système. 99
5.9 Interface graphique de l'application Web. 99
5.10 Architecture de l'application ARCS de réalité mixte sous-marine. 101
5.11 Sur la gauche : Bloc ROV – Au centre : Ordinateur utilisé comme client et serveur – Sur la droite : Routeur wifi utilisé pour les tests. 102
5.12 Capture du flux de Réalité Mixte augmenté avec un modèle 3D en utilisant un marqueur (bouée augmentée). 103
5.13 Capture du flux de Réalité Mixte augmenté avec modèle 3D et texte en utilisant un marqueur (bouée augmentée). 103
5.14 Capture du flux de Réalité Mixte augmenté avec modèle 3D animé (Moteur OGRE 3D). 103
5.15 Infrastructure du système. 105
5.16 AR Drone vu de haut. 105
5.17 Architecture de l'application. 107
5.18 Exemple d'appariement de points SURF sur une image ayant subi une rotation et un changement d'échelle. 108
5.19 Détection d'un carénage en mousse. 109
5.20 Détection et suivi d'un marqueur. 109

A.1 Création d'une communication maître-esclave 122
A.2 Création d'une communication esclave-maître 122
A.3 Création d'une communication esclave-esclave 123

B.1 Diagramme UML de la fabrique de composants du moteur de ARCS. . . 126

C.1 Calcul de sous région en utilsant les images intégrales. 130

TABLE DES FIGURES

Glossaire

Android Système d'exploitation pour mobiles de Google. 78

AtomPub *Atom Publishing Protocol*. 48

CORBA *Common Object Request Broker Architecture*. 21, 22, 27, 30, 40

goodput Débit de transmission au niveau applicatif (nombre de bits utiles transmis par unité de temps). 82, 84, 85

GPS *Global Positioning System*. 84

HTTP *HyperText Transfer Protocol*. 40

IP *Internet Protocol*. 86

JSON *JavaScript Object Notation*. 67, 68, 90, 112

MOM Intergiciel Orienté Message (*Message-Oriented Middleware*). 40
MSC *Message Sequence Chart*. 81
MSS *Message Segment Size*. 85
MTU *Maximum Transmission Unit*. 86
multicast multidiffusion (ou diffusion de groupe). 78

OGRE *Object-Oriented Graphics Rendering Engine*. 57, 100
OOM Intergiciel Orienté Objet (*Object-Oriented Middleware*). 40

Qt Qt (Prononcé *Cute*. Bibliothèque et cadre de travail développé en C++.). 25, 78

REST *REpresentational State Transfer*. 41
RMI *Remote Method Invocation* (API Java pour l'appel de méthodes distantes). 37–39
RPC *Remote Procedure Call* (Appel de procédure distante). 36, 37, 39, 43, 44, 50
RTD *Round-Trip Delay time*. 86

SIFT *Scale Invariant Feature Transform*. 84, 127
SPE *Software Performance Engineering*. 80, 87, 112
SURF *Speeded-Up Robust Features*. 108, 127

TCP *Transmission Control Protocol*. 85, 86

UML *Unified Modeling Language*. 81

URL *Uniform Resource Location*. 62, 68, 78

VLC *VideoLAN Client media player* issu du projet VideoLAN. 68

XML *eXtensible Markup Language* (Langage de balises extensible). 43–46, 50, 55, 56, 60, 62, 67, 68, 90, 112

Introduction Générale

Par opposition à la Réalité Virtuelle (RV) où une scène est entièrement représentée en images de synthèse, la Réalité Augmentée (RA) consiste à faire co-exister des entités virtuelles du monde numérique avec des scènes du monde réel de manière homogène et consistante. La RA est une finalité poursuivie depuis maintenant plusieurs décennies dans plusieurs domaines. Elle se distingue des augmentations que l'on peut apercevoir dans des œuvres cinématographiques par la multitude de modalités d'augmentation (Visuelles, Sonores, Haptiques...), la possibilité d'interaction offerte à l'utilisateur et surtout par les contraintes qu'elle impose sur l'automatisation des traitements (pas d'intervention manuelle permanente pour corriger les résultats) et sur le temps de calcul (en temps réel dans les applications de RA alors que le calcul d'une scène en post-production peut nécessiter plusieurs heures pour quelques minutes de film). La spécificité des applications de RA ainsi que la popularisation de la programmation orientée objet a conduit à la naissance d'environnements logiciels de développement dédiés à la RA. La Réalité Augmentée a connu de plus en plus d'évolutions l'amenant à supporter de plus en plus de dispositifs d'interaction et à faire intervenir de plus en plus d'algorithmes de traitement de données fournies par les capteurs. Les équipes de recherche ont à chaque fois utilisé des environnements logiciels différents pour réaliser des tâches différentes mais impliquant des étapes similaires. C'est dans ce contexte d'hétérogénéité des systèmes de Réalité Augmentée faisant intervenir des matériels à caractéristiques métrologiques différentes et des algorithmes avec des temps de traitement très variables que le besoin d'environnements dédiés proposant des composants abstraits communs réutilisables a émergé. Il s'agissait de simplifier le processus de développement d'application en proposant des cadres de travail communs.

Dans le premier chapitre (1), nous présentons plus en détail certains de ces différents environnements, leurs fonctionnalités, leur fonctionnement ainsi que les contraintes spécifiques aux applications de RA auxquelles ils tentent de répondre. Nous détaillons également leur classification selon plusieurs axes tout au long du premier chapitre. Enfin, nous présentons également un comparatif de ces différents environnements sur les points différenciants.

La popularisation des réseaux, la montée en puissance des terminaux mobiles tant en termes de capacités de calcul qu'en termes de capteurs intégrés, ainsi que l'expansion des applications collaboratives implique forcément une extension de ces environnements logiciels dédiés à la RA pour permettre le support d'applications distribuées. Certains environnements ont essayé de répondre à ce besoin mais se sont souvent heurté à des verrous liés soit à la gestion de la distribution elle-même, soit aux contraintes découlant spécifiquement du fait que les composants à distribuer sont des composants d'applications de RA avec les contraintes que cela implique. Ce travail de thèse est effectué dans la continuité de travaux entamés par le Dr. Jean-Yves Didier au sein de l'équipe RATC du laboratoire IBISC. Il s'agit d'étendre un environnement dédié à la Réalité Augmentée (ARCS [Didier et al., 2009]) pour qu'il puisse gérer les composants distribués. Pour ce faire, il a d'abord fallu explorer les différentes possibilités de distribution de composants en tenant compte des contraintes de l'existant et des objectifs identifiés.

Dans le chapitre 2, un tour d'horizon des différents paradigmes et technologies de distribution est établi. Notamment les middlewares de composants les plus répandus ainsi que les familles de web services les plus utilisées. Pour chacun des paradigme, nous identifions les aspects positifs et négatifs afin de mieux tracer les contours de notre proposition d'architecture en fonction des objectifs fixés et de la manière dont chaque paradigme peut y répondre. Notre proposition d'architecture ambitionne de tirer parti des avantages des différents paradigmes tout en tenant compte de la spécificité de leur application à la RA.

Au chapitre suivant (Chapitre 3), forts des discussions des chapitres précédents, nous détaillons notre proposition d'architecture en deux étapes principales. Il s'agit notamment de la présentation du fonctionnement des applications de RA au sein de notre environnement dédié afin de mieux introduire la conception des mécanismes de distribution à proprement parler. Plus loin dans le chapitre, la conception du middleware de composants est explicitée et les différents choix conceptuels argumentés. En plus du middleware de composants, une gestion des web services est également ajoutée à l'environnement dédié afin d'améliorer son interopérabilité et permettre des applications hétérogènes et composites. La justification de ce choix est longuement discutée ainsi que sa mise en œuvre et son déploiement au sein d'applications hybrides (comportant des composants ARCS et des composants d'applications diverses non nécessairement développées sous ARCS). A la fin du chapitre, différents outils de création et de visualisation dédiés aux développeurs d'applications ARCS sont présentés.

Au chapitre 4 et suite à la proposition d'architecture précédente, il convient de se positionner par rapport à l'existant non seulement d'un point de vue conceptuel et abstrait mais également du point de vue des fonctionnalités et des performances offertes. C'est l'objectif du chapitre 4. Pour ce faire, nous établissons un cadre commun d'évaluation basé sur une architecture générique des systèmes de RA ainsi que des patrons de conception proposés par la communauté. Nous transposons ensuite notre propre architecture sur ce cadre commun (proposé par la communauté). En partant de cette architecture, nous appliquons une méthodologie d'évaluation inspirée d'une méthodologie générique reconnue et appliquée aux systèmes distribués. Elle inclut notamment des critères quantitatifs et des critères qualitatifs. Les deux sont établis en fonction des exigences des applications de RA. Pour chaque phase, nous expliquons d'abord comment celle-ci devrait se traduire pour une architecture distribuée dédiée à la RA. Nous discutons notamment les différents scénarios de distribution plausibles pour une application de RA et les différents types et volumes de données potentiellement échangés dans chacun des scénarios. Les pires cas/meilleurs cas en sont trivialement déduits. Le résultat est non seulement une évaluation de l'architecture proposée au chapitre précédent mais également une méthodologie originale basée sur les retours d'expérience de la communauté couplée aux techniques d'évaluation d'architectures distribuées non spécifiquement prévues pour la RA.

Le dernier chapitre (5), après une évaluation que l'on peut qualifier de théorique détaillée au chapitre précédent, vise à illustrer l'applicabilité concrète de cette architecture selon différents applications mettant en œuvre différents scénarios et sollicitant chacune différentes fonctionnalités offertes par l'environnement dédié. Dans le chapitre 5, un ensemble d'applications est présenté et démontre des preuves de concept pour chacune des forces revendiquées par l'environnement dédié. Il s'agit notamment d'applications mettant en œuvre le middleware de composants spécifique à ARCS, d'applications ARCS se comportant comme clients de web services externes et d'applications de RA se comportant comme serveurs. Sont également exposés les cas d'applications combinant à la fois l'aspect client et l'aspect serveur. Certaines applications sont développées dans le seul but de permettre d'illustrer les capacités de l'environnement logiciel et d'autres sont mises en œuvre en collaboration avec des acteurs externes sur des projets de plus grande envergure (notamment application de RA sous-marine : voir section 5.4.1).

Enfin, en prenant du recul sur le travail fourni et en le situant face à un état de l'art en constante évolution, nous énumérons les perspectives d'évolution envisagées dans la continuité du projet. Notamment la possibilité de disposer d'un serveur dynamique de composants (voire de composants composites) générés à la volée sur requête du client. D'autres perspectives sont détaillées à la fin du manuscrit.

Chapitre 1
Réalité Augmentée : Etat de l'Art

1.1 Introduction

En premier lieu, il convient de définir ce qu'est la réalité augmentée (RA) et de la situer par rapport aux disciplines connexes avant de nous lancer dans une classification des différents systèmes de RA. Cette classification aura pour but d'identifier les différents concepts et techniques inhérents à la RA ainsi que les difficultés auxquelles sont confrontés les systèmes actuels. Elles constituent autant de défis à relever lors de la conception des systèmes à venir.

Après avoir identifié ces verrous, nous introduirons la nécessité de disposer d'environnements de développement (EL) dédiés à la RA pour palier ces différentes contraintes et permettre la conception et l'implémentation d'applications répondant aux objectifs de la RA. Enfin, nous ferons un tour d'horizon des propositions existantes qui nous ont aidés à aiguiller notre travail non seulement en nous inspirant pour certaines d'entre elles mais aussi grâce à un retour d'expérience sur les choses qu'il convient d'éviter pour d'autres.

1.2 Tour d'horizon de la réalité augmentée

1.2.1 Définition

Étymologiquement, la définition des deux composantes de la dénomination donne (Petit Robert) :
- réalité. bas lat *relitas* (rien). 1. caractère de ce qui est réel, de ce qui ne constitue pas seulement un concept, mais une chose, un fait. ....3. Ce qui est réel, actuel, donné comme tel à l'esprit ;
- augmenter. vr tr. 1. Rendre plus grand, plus considérable, par addition d'une chose de même nature.

Avant d'aborder les différentes définitions de la RA, ces deux définitions donnent à elles seules une idée de ce qu'est la réalité augmentée. Il est possible de la résumer en l'ensemble des techniques et méthodes permettant d'enrichir la perception du monde réel par les sens. Selon Milgram, la réalité augmentée a pour but d'augmenter la rétroaction naturelle de l'opérateur avec le monde réel à l'aide d'indices virtuels [Milgram *et al.*, 1994]. Sachant que la modalité sensorielle la plus utilisée est la vue, un système de RA typique incruste en temps réel des indicateurs 2D, du texte ou des images de synthèse 3D dans une scène réelle qui peut être perçue soit via un dispositif d'affichage classiques en vision directe (*video see-through*), soit au travers de lunettes semi-transparentes en vision indirecte (*optical see-through*) voire même en télé-présence à travers un réseau. Dans la plupart des cas, il est nécessaire de recalculer en temps réel les positions et orientations des objets virtuels pour pouvoir les recaler par rapport aux objets réels de la scène.

FIGURE 1.1 – Illustration d'une application Réalité Augmentée par incrustation de texte.

Outre les propriétés géométriques des objets virtuels, ces derniers peuvent se voir affectés, selon les besoins de l'application, des propriétés comportementales. Ainsi, en connaissant les lois régissant le monde réel (implémentées en un moteur physique), et en disposant des caractéristiques physiques des objets virtuels (masse, rugosité, élasticité, fluidité, etc.), il devient possible de les faire interagir de manière réaliste avec le monde réel.

Dans la littérature, plusieurs définitions coexistent. Backman [Backman, 2000] décrit la RA comme la combinaison d'une scène réellement perçue, une scène virtuelle générée par l'ordinateur et un paradigme qui augmente la perception humaine en fournissant de l'information qui ne serait ordinairement pas détectable par les sens humains. Azuma, quant à lui, fournit une définition plus restrictive : un système de réalité augmentée complète le monde réel avec des objets virtuels (générés par ordinateur) de telle sorte qu'ils semblent coexister dans le même espace que le monde réel [Azuma *et al.*, 2001]. Vallino [Vallino, 1998] considère la RA comme le système immersif ultime étant donné la quantité de domaines d'application. Il met également l'accent sur le fait que la RA ne consiste pas uniquement à superposer des images réelles et virtuelles puisqu'elle requiert une connaissance détaillée de la relation entre les éléments du monde réel, la caméra qui capture les images et l'utilisateur.

1.2.2 Taxonomies associées à la Réalité Augmentée

1.2.2.1 Taxonomie technique de Milgram

1.2.2.1.1 Proportion Réel / Virtuel

Milgram classe les systèmes de réalité augmentée selon la proportion du virtuel par rapport au réel. Les deux extrémités du continuum étant l'environnement réel et l'environnement virtuel, tous les systèmes comprenant une part de réel et de virtuel sont des systèmes de réalité dite « mixte ».

FIGURE 1.2 – Représentation simplifiée du continuum entre réalité et virtualité.

Milgram propose également trois axes de classification des systèmes de RA. Ces trois axes concernent les systèmes utilisant la modalité sensorielle visuelle :
– Le degré de fidélité de reproduction du monde réel ;
– Le degré de connaissance du monde réel ;
– Le degré d'immersion de l'utilisateur dans le monde virtuel.

Ces trois paramètres sont uniquement utilisés pour catégoriser les systèmes de RA. Ils ne représentent pas forcément des objectifs à maximiser. Selon le type d'utilisateur, les moyens disponibles et la tâche à réaliser, il convient de trouver une bonne combinaison permettant d'optimiser la qualité de l'interaction.

1.2.2.1.2 Fidélité de reproduction du monde réel

La fidélité de reproduction représente le réalisme des scènes affichées à l'utilisateur. Elle dépend principalement :
– Des caractéristiques techniques du dispositif d'affichage et leur adéquation avec les capacités humaines (stéréoscopie/monoscopie, résolution d'affichage, etc.) ;
– De la fidélité d'affichage des modèles géométriques et de l'ensemble des images générées (nombre de polygones, utilisation d'ombres, textures, etc.) ;

La figure 1.3 classe les différents systèmes de RA selon leur degré de fidélité de reproduction en termes de technologies d'affichage et de qualité de rendu. Chaque facteur contribuant pour une part à la fidélité de représentation globale du système de RA.

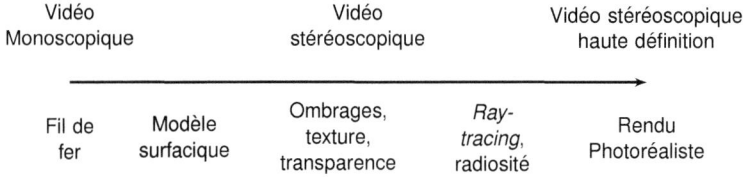

FIGURE 1.3 – Degré de fidélité de représentation du monde réel.

La contrainte temps réel inhérente aux systèmes de RA impose souvent de trouver un compromis entre les temps de réaction et la fidélité de représentation.

1.2.2.1.3 Connaissance du monde réel

Techniquement, superposer des images virtuelles et des images réelles est une tâche aisée. La difficulté provient du fait que la génération de la scène à afficher doit tenir compte des caractéristiques géométriques et physiques du monde réel, de la position de la caméra et de l'utilisateur afin de pouvoir recaler les objets virtuels sur la scène à afficher. Selon les applications, il est utile de disposer d'une connaissance plus ou moins importante du monde réel (voir figure 1.4). Il s'agit notamment de pouvoir localiser le point de vue (position de la caméra dans le monde réel) d'une part et d'identifier les objets présents dans le champ de la caméra d'autre part. Ces deux informations ne sont pas toujours disponibles simultanément.

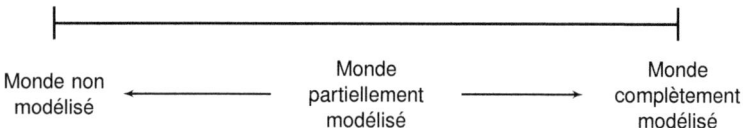

FIGURE 1.4 – Degré de connaissance du monde réel.

1.2.2.1.4 Immersion de l'opérateur

Le niveau d'immersion de l'utilisateur est dépendant des technologies d'affichages utilisées. La figure 1.5 met en correspondance les modalités d'affichage avec les différentes technologies de dispositifs existants.

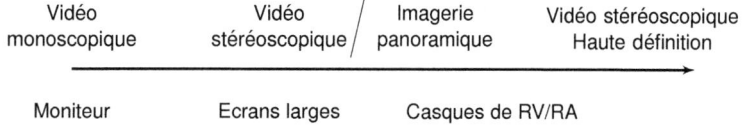

FIGURE 1.5 – Degré d'immersion.

Les éléments les plus importants pour l'immersion sont l'intuitivité de l'interaction et le réalisme des images.

S'agissant de l'intuitivité de l'interaction, nous verrons plus loin les différents paramètres entrant en jeu (minimisation des temps de latence, utilisation de schèmes comportementaux naturels, affordance etc.). Pour le réalisme des images, il dépend des dispositifs et modalités d'affichage comme précisé plus haut pour les systèmes ou la restitution de la scène se fait via des retours vidéo. Cependant, la notion d'immersion prend tout son sens dans les systèmes en vision directe. L'opérateur n'ayant qu'à ouvrir les yeux pour être immergé sans perdre ses repères naturels.

1.2.2.2 Taxonomie Fonctionnelle

Fuchs [Fuchs *et al.*, 2010] propose une taxonomie basée sur les fonctionnalités offertes par les systèmes de RA. Ces fonctionnalités sont divisées en deux grandes catégories détaillées plus bas. Ces fonctionnalités, bien que différentes, peuvent faire appel à des techniques et matériels similaires même si elles appartiennent à des catégories distinctes que l'on va détailler et qui sont également découpées de manière hiérarchique à la figure 1.6.

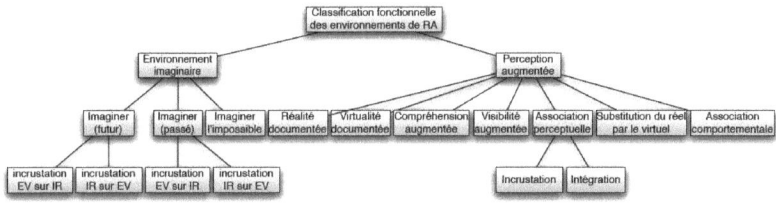

FIGURE 1.6 – Classification fonctionnelle.

1.2.2.2.1 Perception augmentée du monde réel

Cette fonctionnalité concerne notamment les systèmes de RA utilisés comme outils d'aide à la décision. Il s'agit notamment d'informations (au sens large : sous formes textuelle, d'objets 3D, d'indicateurs ou même de retour d'effort) permettant d'avoir en temps voulu des éléments supplémentaires entrant en compte dans le processus de prise de décision de l'action à effectuer dans le monde réel.

1.2.2.2.2 Création d'un monde imaginaire

Contrairement à la fonctionnalité précédente présentant des informations existantes dans le réel mais forcément facilement repérables ou quantifiables, cette seconde fonctionnalité concerne des applications ayant pour but d'aider, par des augmentations virtuelles, à percevoir et à construire un monde qui n'existe pas dans le réel. Cela peut avoir plusieurs objectifs dont le premier est la visualisation d'un environnement futur possible résultant de l'ajout/suppression (réalité augmentée/diminuée) d'un objet ou d'une action transformant l'environnement réel. Il peut également s'agir de la reconstitution totale ou partielle d'environnements passés (ex. Visualisation d'un bâtiment historique partiellement détruit). Ces augmentations peuvent s'accorder plus ou moins avec l'environnement réel. Dans le cas d'une intégration réaliste plaçant l'objet virtuel dans la scène en tenant compte des occultations, Fuchs parle d'intégration. Dans le cas d'une simple superposition de l'objet à l'image, on parlera d'incrustation. La distinction entre les deux est illustrée à la figure 1.7.

CHAPITRE 1. RÉALITÉ AUGMENTÉE : ETAT DE L'ART

(a) (b)

FIGURE 1.7 – Illustration de la différence entre incrustation(a) et intégration(b).

1.2.3 Domaines d'application de la Réalité Augmentée

L'une des premières applications qui pourrait être considérée comme précurseur de la RA est attribuée à Morton Heilig. Dès les années 1950, il a entrepris la construction d'un prototype de son *Sensorama*. Cette machine, dont l'objectif est de proposer des expériences multi-sensorielles, avait la forme des bornes d'arcades des années 1980. Elle offrait un certain niveau d'immersion avec un rendu stéréoscopique, était capable de jouer des sons stéréo, de faire vibrer le siège de l'utilisateur et d'émettre des odeurs pré-enregistrées. Par la suite, comme bon nombre de nouvelles technologies, la réalité augmentée a d'abord été encouragée dans le secteur de la défense durant les années 1980. Durant cette période, plusieurs prototypes de casques HMD (*Head Mounted Display*) ont été mis au point dans les laboratoires de la NASA et la réalité augmentée était présentée comme une composante de la panoplie du soldat du futur. Dans les années 1990, les applications se sont étendues à d'autres domaines, notamment grâce à la mise sur le marché du matériel nécessaire et grâce à l'apparition d'environnements de développements dédiés à la RA (dont certains sont détaillés en section 1.3.1). Cependant, c'est durant les années 2000 que la Réalité Augmentée commence à réellement sortir des laboratoires et à se démocratiser grâce aux évolutions technologiques et à la baisse des coûts du matériel requis pour la mise en œuvre des applications. Parmi les applications les plus significatives de RA voici une liste, non exhaustive, d'applications démontrant l'utilité de la RA (précision accrue, amélioration de la vitesse d'exécution d'une tâche, voire des fonctionnalités qui n'existerait pas sans la RA, etc.). Cette liste est catégorisée indépendamment du secteur d'application car les concepts de base utilisés, les mécanismes mis en œuvre et les technologies déployées pour une application de RA donnée peuvent, sauf cas particulier (auquel cas, cela sera précisé), se retrouver dans une autre application de RA d'un autre secteur :

- Applications de suivi/recalage (ex. de secteur d'utilisation : surveillance/sécurité, divertissement) ;
- Applications de géo-localisation (Orientation, plans personnalisés) ;
- Applications à retour haptique (simulation, formation) ;
- Applications de reconstruction 3D (Architecture, héritage culturel).

1.2.4 Défis à relever pour la RA et la RA mobile

Bien que le domaine de la RA ait connu des avancées considérables, il demeure jeune avec des perspectives de recherche étendues. Nous allons énumérer les principales contraintes freinant l'essor des systèmes de RA.

1.2.4.1 Diversité des capteurs, des environnements et des solutions technologiques

Les applications de réalité augmentée étant très étendues, les contraintes liées à l'environnement varient fortement. Pour répondre aux besoins de l'application, le choix des technologies à utiliser doit être judicieusement pensé pour tenir compte d'un certain nombre de facteurs dont :
- La possibilité de mettre en place des dispositifs lourds de capture et de suivi de mouvement ;
- La mobilité des utilisateurs : qui impose des terminaux plus ou moins légers et donc une puissance de calcul plus ou moins importante ;
- Le milieu : extérieur ou intérieur, luminosité contrôlée ou variable, matériaux présents dans l'environnement (ex. l'utilisation de capteurs magnétiques est compromise dans un environnement métallique) ;
- Les caractéristiques métrologiques des capteurs utilisés par rapports aux capacités humaines et aux besoins de l'application.

Parallèlement, il existe un problème d'incompatibilité du au foisonnement de périphériques utilisés en RA pour la capture (tracking) et l'affichage. Certains sont incompatibles de fait (ex. Il n'est pas possible d'utiliser un système d'affichage sur écran de taille réduite avec un système de détection de la direction du regard de l'utilisateur), d'autres sont incompatibles pour des raisons purement techniques (différence de normes, etc.).

1.2.4.2 Calibration et recalage

Les capteurs utilisés dans un système de RA nécessitent une phase dite de « calibration ». La première étape est la construction du modèle. Il s'agit de l'identification des paramètres du modèle mathématique décrivant le fonctionnement interne du capteur. Ce processus permet de décrire la relation entre une mesure et un capteur donné, et ce, en utilisant ce dernier pour évaluer un standard dont les caractéristiques sont connues. L'identification des paramètres du modèle se fait en confrontant la mesure avec une vérité de terrain. Plus spécifiquement, pour un capteur visuel, une fois la phase de calibration effectuée, les mesures retournées par les capteurs peuvent être utilisées pour localiser les objets et recaler les objets virtuels en temps réel. Ceci implique que les bruits de localisation doivent être filtrés et la position des objets virtuels recalculée dans des conditions de temps extrêmes détaillées plus bas. Plusieurs modèles peuvent être mis en œuvre en vue de représenter les paramètres d'une caméra. Le plus simple est le modèle du sténopé. Ces paramètres sont souvent distingués en paramètres intrinsèques (paramètres propres au fonctionnement interne de la caméra, comme la distance focale) et paramètres extrinsèques (paramètres décrivant le déplacement et la rotation de la caméra par rapport au monde réel).

1.2.4.3 Problématique d'interaction

La problématique est souvent abordée en Réalité Virtuelle mais elle existe également en RA. Permettre à l'utilisateur d'interagir avec le système se fait d'abord en créant un lien sémantique explicite ou implicite entre les objets réels et les entités virtuelles d'une part, mais aussi entre les tâches effectuées dans le monde réel et les opérations possibles dans le monde virtuel. Ainsi, à titre d'exemple, une association explicite d'entités virtuelles et d'objets réels pourrait être d'accoler un GPS sur l'objet réel pour fournir la position d'une entité dans l'environnement virtuel. Dans ce cas, il suffit que le GPS soit identifié pour qu'il n'y ait aucun traitement à effectuer pour identifier quel est l'objet traqué. Un exemple d'association implicite impliquerait par exemple la mise en œuvre d'algorithmes de traitement d'image afin d'identifier l'objet suivi. Dans ce cas de figure, il faudra disposer d'informations sur l'objet recalé (informations de forme, de couleur, de texture, de mouvement ou tout autre descripteur permettant de discriminer un l'objet des autres éléments de la scène). Une fois l'association faite, l'utilisateur pourra, selon le type d'application, effectuer un certain nombre de tâches. Il s'agira d'offrir la meilleure utilisabilité possible pour une application donnée en tenant compte de la diversité et des limites des dispositifs matériels (caractéristiques métrologiques des capteurs et dispositifs de restitution), des contraintes logicielles, ainsi que des contraintes liées à l'utilisateur (temps d'apprentissage, utilisateurs uniques ou multiples, degré de connaissance des mécanismes employés pour la mise en route de l'application...).

1.2.4.4 Contrainte temps réel

Un système est dit *temps réel* si la validité totale d'une opération ne dépend pas uniquement de la correction logique de celle-ci, mais aussi du laps de temps dans lequel elle doit être exécutée. Dans la plupart des applications de RA, cette contrainte est non seulement présente mais également très forte étant donné la nature même des systèmes de RA devant gérer des données capturées, traitées et synthétisées de façon à ce qu'elles suivent la cohérence temporelle du monde réel (ex. Suivi et recalage d'objets). Afin d'éclaircir la notion de temps réel en Réalité Augmentée, il convient de bien définir cette notion et ses variantes et de positionner sa signification pour des applications de RA par rapport à d'autres significations dans la littérature. Il y a notamment trois notions voisines mais distinctes de la notion de temps réel :
- Le temps réel, au sens disciplinaire, où l'on s'intéresse aux contraintes temporelles des systèmes et ou on veut, si on le peut, borner les temps d'éxécution des opérations du système afin de garantir que certains évènements surviendront ;
- Le temps réel de simulation où une seconde passée en simulation est une seconde dans la réalité ;
- L'interaction ou la visualisation en temps réel où l'utilisateur ne doit pas percevoir la latence inhérente du système.

En Réalité Mixte de façon générale, la notion de temps réel se réfère la plupart du temps aux deux dernières descriptions. En RA, c'est le plus souvent la dernière définition qui sied.

Cette contrainte *temps réel* est souvent à mettre en balance avec d'autres critères de qualité de systèmes de RA. Selon l'application, cette contrainte est plus ou moins critique. Il s'agira donc d'effectuer un arbitrage entre les différents critères afin de permettre un résultat global cohérent selon l'application et selon le matériel en faisant des simplifications là où elles sont acceptables. Ainsi, la fidélité de représentation ou la rigueur d'une simulation, même si elles doivent être prises en compte dans la conception, ne doivent pas systématiquement être l'objectif. La contrainte temps réel, parfois négligée, doit être prise en compte lors de la conception d'un système RA d'autant plus qu'elle conditionne en partie d'autres critères (ex. interaction, immersion).

1.2.4.5 Distribution

L'informatique distribuée est un domaine de l'informatique consacrée à l'étude des systèmes distribués. Un système distribué (ou réparti) est constitué de plusieurs systèmes de calcul communiquant à travers le réseau. Ces systèmes de calcul doivent être autonomes (sinon le système n'est pas distribué) et leur mémoire physique ne doit pas être commune (auquel cas, ce serait un système parallèle). Le tout doit poursuivre un objectif commun et donner à l'utilisateur l'impression d'un système unique. Une citation de Leslie Lamport illustre bien cette perception de l'utilisateur : « Vous savez que vous disposez d'un système distribué quand le crash d'un ordinateur dont vous n'avez jamais entendu parler vous empêche de faire votre travail ». De manière générale, la mise en place d'une application distribuée implique l'utilisation de protocoles spécifiques et la mise en place d'un socle logiciel commun (appelé *middleware* ou *intergiciel*) servant d'intermédiaire entre les différents composant de l'application répartis sur le réseau.

Avec l'avènement de l'informatique ubiquitaire et la multiplication d'applications impliquant des utilisateurs multiples et distants et travaillant en collaboration, le besoin d'offrir de telles fonctionnalités aux utilisateurs d'applications de RA s'est rapidement fait sentir (notamment pour des besoins de collaboration simultanée entre utilisateurs distants). Toutes les applications de RA ne nécessitent pas forcément d'être distribuées mais cela s'impose de plus en plus pour les applications multi-utilisateurs, les applications en extérieur, les applications sur terminaux mobiles à faible puissance de calcul (et nécessitant une répartition des calculs) et les applications faisant appel à des capteurs répartis (*sensor network* [Wen et al., 2007]) qui peuvent, selon l'architecture du système, constituer des systèmes distribués.

La problématique de la distribution n'est pas propre à la Réalité Augmentée et a été abondamment abordée dans la littérature. Cependant, les contraintes décrites plus haut sont spécifiques à la RA et introduisent un traitement particulier de la question pour les applications de RA. Certaines propositions adaptent des middlewares génériques aux besoins de la RA et d'autres se basent sur une architecture propre. Nous verrons plus en détail comment cette problématique est traitée dans les différentes architectures (section 1.3.2).

Il convient également de citer ici les efforts fournis pour offrir des architectures distribuées destinées à des applications de Réalité Virtuelle et de simulation présentant des contraintes proches de celles rencontrées en RA. Les deux principaux standards sont HLA (*High Level Architecture* [1516.1-2000, 2000]) et DIS (*Distributed Interactive Simulation* [1278.1A-1998, 1998]) mis en place par le département de la défense américain pour des simulations militaires et pour des applications d'exploration spatiale et médicales.

La présente problématique de la distribution est l'objet de cette thèse. Nous allons donc à présent détailler cette partie dans notre état de l'art.

1.3 Applications de RA distribuées

Dans la présente section, nous discuterons de la nécessité d'utiliser des environnements logiciels (appelés aussi en anglais *frameworks*) dédiés pour la réalité augmentée. Ensuite, nous verrons lequels sont les plus utilisés dans le domaine. Nous terminerons cette partie par une discussion sur les avantages et les inconvénients des différents points de vue adoptés pour traiter le problème de la distribution en RA.

1.3.1 Environnements logiciels dédiés

1.3.1.1 Nécessité d'environnements dédiés

Pour l'ensemble des raisons invoquées plus haut (1.2.4.1) et pour des raisons spécifiques à chaque application, les architectures des applications de Réalité Augmentée sont généralement très hétérogènes. Cependant, celles-ci font souvent appel à un certain nombre de composants similaires avec des paramètres différents. Même si ces composants interagissent de manière différente d'une application à l'autre, les traitements effectués au sein même des composants sont identiques. Il en découle que lors du développement d'une application, une part importante est réutilisable et permettrait à des projets futurs d'aboutir plus rapidement si elle est construite avec des briques de base déjà développées et éprouvées par un retour d'expérience.

Plusieurs contributions visant à mettre en place des environnements logiciels (EL) dédiés aux d'applications de RA ont vu le jour depuis le milieu des années 90. Nous pouvons citer COTERIE [MacIntyre et Feiner, 1996], projet qui n'est plus maintenu depuis 1999, Studierstube [Schmalstieg *et al.*, 2002], DWARF [Bauer *et al.*, 2001], Tinmith [Piekarski et Thomas, 2001], MORGAN [Ohlenburg *et al.*, 2004], VARU [Irawati *et al.*, 2008], ARVIKA [Friedrich, 2002], ARToolKit (Bibliothèque *open source* utilisée dans plusieurs projets dont [Woods *et al.*, 2003]), BARS [Yohan *et al.*, 2000], AMIRE [Grimm *et al.*, 2002], MRSS [Hughes *et al.*, 2005] ainsi que D'Fusion et Virtools, les deux derniers étant des EL industriels produits et commercialisés par des entreprises françaises. Nous présenterons dans la section suivante certains des principaux ELs toujours en développement. Nous mettrons l'accent sur les ELs proposant une solution au problème de la mobilité et de la multiplicité des utilisateurs décrit à la section 1.2.4.5. Certaines solutions sont distribuées mais se cantonnant à un type d'application déterminé (ex. Eyekon [Hicks *et al.*, 2002], applications militaires), nous nous concentrerons sur les ELs généralistes.

1.3.1.2 Présentation des environnements logiciels dédiés

1.3.1.2.1 DWARF

1) Description du système
DWARF [Bauer *et al.*, 2001], pour *Distributed Wearable Augmented Reality Framework*, est un EL orienté-composant permettant un prototypage rapide d'applications de RA. Il est basé sur le concept de services distribués interdépendants dont les besoins (requêtes d'un service, appelées *needs*) et les capacités (appelées *abilities*) sont exposés à l'aide d'un *service manager*. Un service offre une capacité à d'autres services et utilise les capacités d'autres services pour répondre à ses propres besoins. Il n'y a qu'un

service manager par nœud du réseau. Chacun de ces *service managers* contrôle les services locaux et coopère avec des *managers* distants pour permettre aux différents services de communiquer à travers le réseau. Les services les plus courants sont déjà développés. DWARF comprend un gestionnaire de flux de tâches décrivant une séquence d'actions que l'utilisateur doit accomplir, un moteur d'interface utilisateur, un sous-système de tracking et un système de description du modèle du monde réel collectant plusieurs données sur l'utilisateur et son environnement. DWARF est actuellement l'un des EL les plus populaires avec une quantité importante d'applications (ex. [MacWilliams *et al.*, 2003] [Pustka *et al.*, 2010] [Morales Garcia *et al.*, 2009]) démontrant les fonctionnalités possibles dont certaines en partenariat avec des groupes industriels.

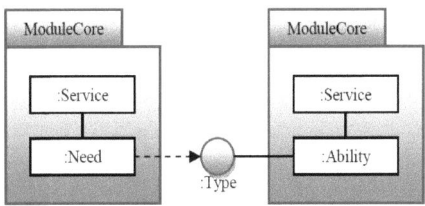

FIGURE 1.8 – DWARF : connexion de services.

2) Aspect technique

Systèmes : Windows/Linux/Mac

Langages de programmation : C++, Python, Java

Langage de script : XML

Middleware : *Common Object Request Broker Architecture* (CORBA)

Protocole : CORBA IIOP

1.3.1.2.2 MORGAN

1) Description du système

MORGAN [Ohlenburg *et al.*, 2004] est un EL orienté composant. Il convient aux projets de RA et RV multi-utilisateur. Dans le paradigme de MORGAN, les projets sont composés d'ensembles de composants qui souscrivent aux périphériques d'entrées qui les intéressent. Ces périphériques fournissent des données à des fréquences différentes d'où la gestion indépendante de l'envoi de données des différents périphériques. Ce système d'abonnement à un périphérique est implémenté en utilisant le *design pattern publisher-subscriber*. MORGAN propose également un moteur de rendu conçu pour supporter des utilisateurs multiples répartis à travers un réseau.

La création, la suppression et la recherche de composants est faite via un composant central appelé le *broker*. Pour implémenter la création de composants distants, le *pattern factory method* a été utilisé par les développeurs de MORGAN. Contrairement à DWARF, Le code de l'EL n'est pas ouvert, son utilisation n'est pas gratuite et il n'y a pas de tutoriaux publics disponibles.

CHAPITRE 1. RÉALITÉ AUGMENTÉE : ETAT DE L'ART

2) *Aspect technique*
Système : Windows/Linux
Langage de programmation : C++
Langage de script : XML
Middleware : CORBA
Protocole : CORBA IIOP
MORGAN implémente un *pattern proxy* pour d'autres protocoles.

1.3.1.2.3 Studierstube

1) *Description du système*
Studierstube [Schmalstieg *et al.*, 2002] est basé sur une métaphore d'interaction propre. Ici, tout composant est appelé *application object*. Cette entité renferme les données, leur représentation graphique ainsi que l'application traitant les données. Chaque *application object* hérite d'un type d'application. Studierstube permet l'instanciation de plusieurs *application object* au même temps même s'ils appartiennent au même type d'application. Ces applications peuvent communiquer pour partager des fonctionnalités et des données.

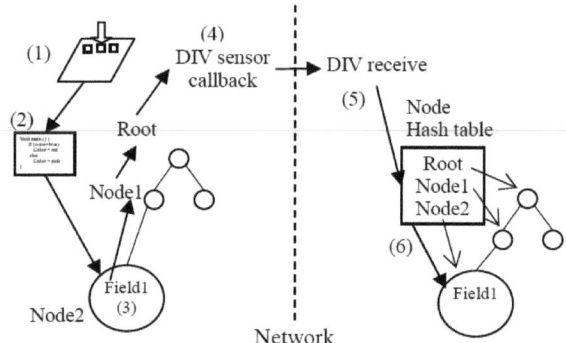

FIGURE 1.9 – Studierstube : propagation des événements à travers le réseau.

Au-delà la métaphore d'interaction que nous avons pu tester, les applications Studierstube sont écrites avec la bibliothèque OIV (OpenInventor) qui permet de gérer des graphes de scène. Ces derniers sont ensuite distribués au travers d'un réseau à l'aide du protocole DIV (pour Distributed Inventor) qui est une surcouche à OIV et qui gère la réplication de ces graphes sur chaque hôte. Afin de maintenir la consistence du graphe au travers du réseau, les modifications sont propagées comme l'illustre la figure 1.9. La première étape (1) est l'action de l'utilisateur (appuyer sur un bouton), (2) est l'exécution du code correspondant au bouton, (3) est la modification locale du champ *Field1* du noeud *Node2*. La modification est ensuite propagée vers les niveaux supérieurs jusqu'à atteindre la racine. A ce niveau, un détecteur notera cette modification et transmettra le message à l'hôte distant (4). Enfin, le récepteur recherche le noeud concerné (5) et lui applique les changements (6).

2) Aspect technique

Systèmes : Windows/Linux

Langages de programmation : C++, Python

Langage de script : XML

Middleware : OpenInventor distribué

Protocole : DIV

1.3.1.2.4 Tinmith

1) Description du système

L'architecture de l'environnement de développement Tinmith-evo5 [Piekarski et Thomas, 2001] est modulaire pour permettre un large éventail d'applications multimédia et de RA. Certains modules sont génériques alors que d'autres spécifiques aux applications (ex. Module de navigation). La communication entre les modules est rendue possible par une architecture orientée client-serveur.

Un module fournissant des données est un serveur qui écoute les requêtes des clients qui demandent à être abonnés. Quand les données sur le serveur sont modifiées, les nouvelles valeurs sont envoyées à tous les clients qui se sont enregistrés auprès du serveur et ont manifesté leur intérêt pour ce message. Les clients peuvent donc utiliser les nouvelles données pour effectuer les tâches de leur module (ex. rafraîchir l'affichage). Le système est donc asynchrone et piloté par les données. S'il n'y a pas de nouvelles données, aucun nouveau message ne sera généré et émis et par conséquent, aucune action ne sera effectuée par aucun module logiciel. La figure 1.10 montre comment les objets sont connectés. Au sein de Tinmith, les objets correspondent aux objets natifs C++. Le code binaire de l'objet est spécifique au processus en cours d'exécution et ne peut donc pas être envoyé tel quel à travers le réseau. La sérialisation n'étant pas disponible par défaut en C++, un mécanisme de sérialisation propre au système a été développé utilisant une structure au format XML [Fallside et Walmsley, 2004].

Quand la source et le destinataire (le serveur écoutant les requêtes) sont tous deux lancés sur la même machine, ils sont connectés par un appel de fonction callback utilisé par la source pour notifier des changements de données en direction du serveur. Quand les objets connectés sont sur des terminaux distants, comme sur la figure, les nouvelles données de la source sont sérialisées par l'objet *Tx* qui les transmets à travers le réseau. L'objet *Rx* recevant les nouvelles valeurs les déserialise et signale au serveur les modifications de données.

2) Aspect technique

Systèmes : Windows/Linux

Langage de programmation : C++

Langage de script : XML

Middleware : Spécifique à Tinmith

Protocole : Protocoles basés sur TCP ou UDP (différentes implémentations)

CHAPITRE 1. RÉALITÉ AUGMENTÉE : ETAT DE L'ART

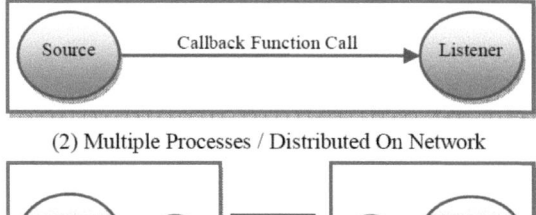

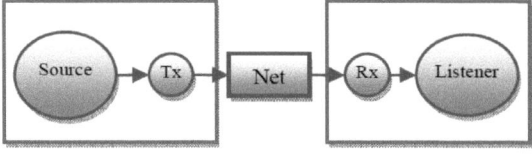

FIGURE 1.10 – Tinmith : gestion transparente de la distribution.

1.3.1.2.5 VARU

1) Description du système

VARU [Irawati *et al.*, 2008] est un projet relativement récent (2008) visant à offrir un EL pour la Réalité Virtuelle, la Réalité Augmentée et l'informatique ubiquitaire. Cet objectif fait que le paradigme de VARU implique que pour une application donnée, il y a trois espaces d'interaction (RV/ RA/ Ubiquitaire). Il est possible de passer d'un espace à l'autre (la représentation d'un objet peut être différente selon l'espace) et il est également possible pour un utilisateur dans un espace déterminé d'interagir avec un autre utilisateur dans un autre espace (le tout est maintenu de manière consistante à travers les différents espaces). Fondamentalement, les objets sont décrits par trois niveaux d'abstraction : *Classe d'objet*, *Individus* et *Extension*, l'abstraction de l'*individu* étant une dérivation particulière d'une *classe d'objet*.

Un individu a différentes représentations dépendant de l'espace d'interaction. Chaque représentation est appelée extension de l'individu. Chaque application dispose de sa base d'objets avec une table d'individus et une table d'extensions. Quand un utilisateur se connecte au serveur, il est lui aussi considéré comme un individu et ajouté à la base d'objets avec ses extensions. Durant l'interaction, les différentes extensions d'un individu sont synchronisées par le serveur de VARU qui héberge la base d'objets et le serveur d'objets. De cette manière, les utilisateurs sont conscients des actions et de la position des autres utilisateurs (étant donné qu'un utilisateur est aussi un individu avec ses représentations). Les composants principaux de VARU sont décrits dans la figure 1.11. Comme indiqué, chaque client a un noyau (kernel) qui le relie au serveur. Un client a aussi au moins un *space manager* (RV, RA or IU) et peut avoir plusieurs autres composants gérant les périphériques d'entrée/sortie.

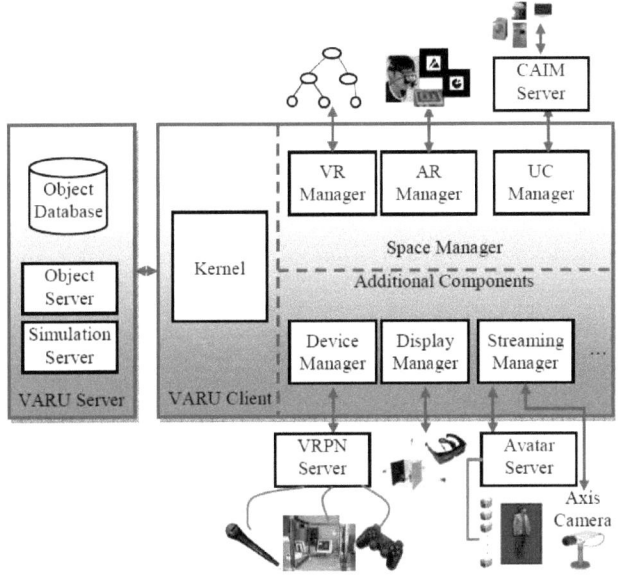

FIGURE 1.11 – VARU : principaux composants de l'architecture.

2) *Aspect technique*

Système : Windows

Langage de programmation : C++

Langage de script : XML

Middleware et Protocoles :
- CAIM middleware et protocole UPnP pour se connecter à des périphériques dits "intelligents" (porte, éclairage, caméra...).
- VRPN [1] pour les périphériques d'interaction (ex. joystick, tracker).

1.3.1.2.6 ARCS

1) *Description du système*

ARCS [ARCS, 2012, Didier et al., 2009], pour *Augmented Reality Component System*, est un EL basé sur le paradigme de la programmation orientée composant. Dans le principe, ARCS fournit un moteur d'exécution qui charge dynamiquement des greffons (en anglais *plugins*) contenant des collections de composants en fonction d'une description d'une application fournie dans un format XML. Le composants logiciels instanciés par le moteur communiquent entre eux en utilisant le mécanisme signal/slot (couramment utilisé par les bibliothèques pour développer des interfaces graphiques telles que Qt (Prononcé

---

1. VRPN signifie *Virtual Reality Peripheral Network* et est une bibliothèque fournissant une interface de communication pour divers périphériques de réalité virtuelle installés sur des machines différentes.

Cute. Bibliothèque et cadre de travail développé en C++.) (Qt)) qui permet des échanges d'information synchrones.

Une application dans ARCS est considérée comme étant un ensemble de composants et un ensemble de processus. Chaque processus peut être décomposé en états nominaux de fonctionnement qui correspondent chacun à une configuration particulière des communications entre composants (appelée feuille). Le processus est piloté par un contrôleur qui est en réalité un automate à états finis et qui gère la mise en place des feuilles.

Dans le cadre de cette thèse, nous doterons ARCS de capacités de distribution puisqu'en 2009, ce dernier n'en était pas pourvu.

2) Aspect technique
Systèmes : Linux, Windows
Langage de programmation : C++
Langage de script : XML
Middleware et protocole : néant − objectif secondaire de cette thèse.

1.3.2 Discussion autour de la gestion de la distribution

Dans cette discussion, nous établirons des critères de comparaison issus à la fois des besoins actuels des applications de RA et des caractéristiques recherchées de manière habituelle dans les environnements logiciels distribués. Nous verrons notamment qu'il faut rechercher un compromis entre la facilité de programmation et les fonctionnalités proposées par l'EL. À ceci se greffe la problématique de la scalabilité de l'application ainsi que les problèmes d'interopérabilité et de flexibilité de l'application.

1.3.2.1 Réutilisabilité et facilité de programmation / fonctionnalités proposées

Dans la notion de facilité de programmation, nous incluons la complexité du modèle d'application, la possibilité pour un développeur de maintenir et réutiliser son code, ainsi que la capacité d'extension des applications en ajoutant de nouvelles fonctionnalités sans avoir à changer l'intégralité du système. L'idée maitresse commune à tous les systèmes décrits est d'offrir un EL pour le prototypage rapide d'applications de RA. Ils sont tous construits sur des architectures orientées objets et la plupart sont orientés composant. Cela permet de régler le problème de la réutilisabilité par la nature même des composants. Le modèle d'application le plus simple est celui de Studierstube basé sur des concepts 3D correspondant à la métaphore 2D du bureau virtuel utilisée dans beaucoup de systèmes d'exploitation.

Néanmoins, la simplicité du modèle est contre-balancée par la quantité de fonctionnalités proposées qui sont significativement moins nombreuses que d'autres ELs (tel que DWARF et VARU). La mise au point d'un EL implique donc que l'on fasse un compromis entre la réutilisabilité et la facilité de programmation d'une part et les fonctionnalités prises en charge par l'EL d'autre part.

Une autre forme de réutilisabilité consiste à s'appuyer sur des bibliothèques, des intergiciels ou des protocoles de distribution connus, dont les forces et les faiblesses sont connus. Toutefois, pour certaines applications spécifiques, il peut s'avérer nécessaire de mettre au point un protocole différent basé sur un intergiciel sur mesure. Les deux approches sont utilisées, comme nous le verrons peu après, dans le domaine de la RA.

Enfin, un point important pour la facilité de programmation est l'existence d'outils d'édition d'applications et d'outils de supervision et de débogage d'application en cours d'exécution. Cela peut aller jusqu'à l'élaboration d'un langage de programmation visuel afin de faciliter la manipulation et la conception d'une application. DWARF est, par exemple, un des rares à proposer un outil dédié à la supervision et au débogage de services distribués.

1.3.2.2 Scalabilité

La scalabilité est la capacité d'un système à s'adapter à une montée en charge ou à faire face à un changement de l'ordre de grandeur de la demande. Plus spécifiquement, étant donné que nous couvrons le sujet des architectures distribuées, un point important est la capacité d'extension du nombre d'utilisateurs (de noeuds terminaux).

1.3.2.2.1 Environnements logiciels basés sur CORBA

DWARF et MORGAN utilisent tous les deux le protocole CORBA IIOP (*Common Object Request Broker Architecture – Internet InterORB Protocol*) qui est largement utilisé dans des systèmes de différentes tailles et a prouvé sa forte capacité d'extension potentielle même si certaines limites subsistent [Gu et Marshall, 2004]. En particulier, CORBA est adapté pour les systèmes échangeant de larges volumes de données dans des environnements où la consommation de mémoire n'est pas un problème majeur.

Un autre problème qui peut survenir concerne l'équilibrage de charge entre les nœuds (*load-balancing*) est un facteur de première importance pour la scalabilité (en plus de la capacité à stocker des données en cache et de la persistance des données qui permettent de réduire le trafic réseau). Jusqu'à aujourd'hui, il n'y a pas de service d'équilibrage de charge en CORBA même s'il y a des techniques permettant de supporter la redirection nécessaire à l'équilibrage de charge de manière standardisée [OMG, 2012].

Un aspect intéressant est que DWARF est entièrement décentralisé. Une application de démonstration de la distribution de DWARF a été réalisée sur un exemple de jeu (Herding Sheep [MacWilliams *et al.*, 2003]) avec tracking, calibration et interface distribués.

Toutefois, DWARF recherche de nouveaux services éventuels en diffusant des messages à destination de l'intégralité de noeuds de calculs (*broadcast diffusion*), ce qui peut s'avérer très lourd à gérer et altérer significativement la qualité de service dans le cas d'une application avec un important nombre d'utilisateurs et avec un scénario variable (apparitions et disparitions fréquentes de services).

1.3.2.2.2 Environnements logiciels basés sur un intergiciel sur mesure

Studierstube

Les *application objects* distribués de studierstube sont basés sur Open Inventor Distribué. La réplication des application objects restreint le degré de scalabilité. La scalabilité en terme de traitement peut être atteinte en introduisant plusieurs serveurs d'application qui maintiennent des sous-graphes de scène mutuellement exclusifs [Schmalstieg *et al.*, 2002] mais cela augmente considérablement le nombre de nœuds centraux et donc le coût de mise en œuvre.

Tinmith

Comme énoncé par Piekarski et Thomas dans un papier traitant de l'architecture Tinmith-evo5 [Piekarski et Thomas, 2001], la distribution à grande échelle n'est pas possible dans tinmith car elle requerrait du *multicasting*, qui n'est actuellement pas encore supporté par le système. L'architecture est conçue pour un nombre d'utilisateurs restreint évoluant dans un environnement étendu.

VARU

Même si l'architecture permet l'ajout de nouveaux utilisateurs, le système requiert un serveur central pour synchroniser les différents managers (*AR manager*, *VR manager*, *UC manager*) s'exécutant sur les différents clients. L'application *interior design* [Irawati *et al.*, 2008] a été testée sur un nombre limité d'utilisateurs et il n'y a pas d'application basée sur VARU illustrant une distribution à grande échelle.

1.3.2.3 Flexibilité et interopérabilité

La flexibilité se réfère à la capacité d'un EL à supporter différents scénarios d'application s'exécutant sur différents matériels (avec différentes puissances de calcul) et différents environnements logiciels. On parlera également des fonctionnalités liées à l'interopérabilité dans le cas des ELs interopérables.

1.3.2.3.1 DWARF

Comme dit précédemment dans la description technique de DWARF, l'EL s'exécute sur des plateformes multiples et supporte plusieurs langages de programmation. Il peut s'exécuter sur des ordinateurs transportables (portés – *wearable computers*), portables, et *smart-phones* et ce en permettant une diversité d'applications considérable (ex. ARCHIE, NAVI, CAR, SHEEP...) sur des environnements divers. DWARF est donc théoriquement un EL très extensible. Cependant, son déploiement en dehors de son laboratoire d'origine est souvent laborieux. Du point de vue de l'interopérabilité DWARF peut être intégré avec Studierstube [Bauer *et al.*, 2003]. Une autre caractéristique de DWARF qu'il convient de citer est la possibilité de reconfigurer certains paramètres des applications même en cours d'exécution.

1.3.2.3.2 MORGAN

MORGAN s'exécute sur PC et smartphones et offre une API afin de réduire la complexité du développement et de permettre une programmation de haut niveau. De plus, l'EL offre un proxy pour communiquer avec des applications utilisant d'autres protocoles. MORGAN dispose également d'un moteur de rendu intégré. Cela peut être considéré comme un apport mais aussi comme un manque de flexibilité obligeant les développeurs à utiliser un moteur spécifique plutôt que de laisser la possibilité d'interfacer le système avec n'importe quel moteur.

1.3.2.3.3 Studierstube

Studierstube est portable sur différents matériels et systèmes d'exploitation en particulier avec la nouvelle plateforme ES dédiée aux applications sur terminaux mobiles

[Schmalstieg et Wagner, 2008]. La plateforme originale Studierstube étant basée sur OpenInventor, ce dernier est inclus comme moteur de rendu (*renderer*). Cependant, Studierstube ES est indépendant du moteur de rendu et s'exécute sur les terminaux mobiles Windows CE (Windows Compact Embedded) et Symbian avec ou sans accélération 3D. Du point de vue de la distribution, Studierstube utilise OpenInventor distribué (protocole DIV) pour gérer la distribution des graphes de scène. Il convient aux applications Studierstube mais restreint l'interopérabilité aux applications basées sur OIV (ce qui reste tout de même meilleur qu'un protocole personnalisé non commun avec aucune application). Studierstube ES gère la distribution en se basant sur un intergiciel appelé *Muddleware*. Une plateforme de communication pour applications multi-utilisateurs sur terminaux à faible puissance de calcul. Il utilise *XML Document Object Model* (DOM) dont l'utilisation en tant que modèle de données est largement établie dans les applications réseau. Le choix de ce modèle est, selon ses concepteurs, du à la définition récursive d'un tuple (qui a des tuples enfants comme attributs de tuples parents), la lisibilité du modèle et sa correspondance avec beaucoup de structures typiques telles que les représentations spatiales hiérarchiques. XPath est utilisé comme langage de requête et de mise à jour. L'utilisation d'un serveur est obligatoire pour partager des données entre deux clients.

1.3.2.3.4 Tinmith

Les applications de test sont principalement faites pour les environnements extérieurs. Comme dans DWARF, certains paramètres (comme la couleur des *widgets*, les chaines de caractères, les positions...) des applications basées sur Tinmith peuvent être reconfigurés en cours d'exécution sans avoir à redémarrer l'application et sans supporter de langage interprété.

Du point de vue de la distribution, Tinmith n'offre pour l'instant qu'un protocole propre qui ne permet pas, en l'état, de connections à des applications utilisant d'autres protocoles ou à des applications développées sous d'autres environnements de développement et d'exécution dédiés à la RA.

1.3.2.3.5 VARU

Prenant avantage du serveur de périphériques VRPN [VRPN, 2012], le système supporte un éventail étendu de périphériques. Ces derniers sont configurés pour fonctionner avec VRPN et l'application se connecte simplement au serveur pour obtenir les données de manière standardisée. VARU offre trois espaces d'interaction. Il peut donc couvrir un grand nombre de scénarios en RV/RA. Ces applications ne sont généralement pas exécutables sur terminaux mobiles à cause de la lourdeur du moteur de rendu.

Du point de vue de la distribution, les clients et le serveur VARU ont tous deux besoin d'être configurés pour permettre au noyau du client d'accéder correctement au serveur qui rajoute un nouvel utilisateur (et crée l'individu correspondant et ses extensions) une fois la connexion établie. Cette configuration étant faite via des documents XML peut être peu familière et peu intuitive pour les utilisateurs.

1.3.2.4 Comparaison des systèmes présentés

L'étude de ces différents ELs de référence nous a permis d'avoir une meilleure vision de la manière dont nous aborderions l'extension de notre EL (ARCS) notamment pour permettre la création d'applications distribuées. La table suivante (table 1.1 résume les points forts de chaque EL. Elle permet de comparer les principales caractéristiques sans aborder les inconvénients liés qui ont été traités dans la discussion précédente. Nous retrouverons dans cette table les critères de facilité de programmation, de scalabilité, de flexibilité et d'interopérabilité. Nous y rajoutons une description du modèle d'application apporté ainsi que l'architecture réseau proposée pour chaque EL. Notre objectif est d'apporter un outil facile à programmer, scalable et, dans une certaine mesure interopérable avec les autres outils.

	Modèle d'application	Facilité de programmation	Scalabilité	Flexibilité et interopérabilité	Architecture réseau
DWARF	Services interdépendants	Outils d'édition et de monitoring, ensemble de modules pré-développés	Scalable (limite lors de la recherche de nouveaux services)	Interopérable avec Studierstube, édition à l'exécution	Décentralisé
MORGAN	Composants souscrivant à des périphériques d'entrée	Offre une API pour le prototypage rapide	Scalable	Offre un proxy pour différents protocoles	Dépend de l'application
Studierstube	Application objects, métaphore d'interaction 3D, graphes de scène	Outils de scénarisation, modèle d'application simple mais fonctionnalités limitées	Scalabilité limitée	Interopérable avec DWARF	Centralisé (gestionnaire de session comme nœud central)
Tinmith	Architecture dirigée par les données, modules interdépendants	Modèle d'application simple, outil de débogage	Petit nombre d'utilisateurs sur une zone étendue	Edition en runtime	Client/Serveur
VARU	Trois niveaux d'abstraction pour des des objets existant dans trois espaces parallèles	Outils spécifiques aux applications, quelques modules dans l'API (ex. reconnaissance de gestes)	Petit nombre d'utilisateurs	VRPN (interaction standard avec les périphériques)	Client/Serveur (noeud central requis pour synchroniser les différents gestionnaires)

TABLE 1.1 – Comparaison des principaux environnements logiciel distribués en RA.

1.3.2.5 Autres intergiciels non spécifiques à la RA

La distribution étant un besoin récurrent dans des domaines d'application très divers, des solutions génériques ont été développées et offrent souvent l'avantage d'être plus robustes étant donné le retour d'utilisation important. CORBA dont nous avons parlé précédemment présente beaucoup d'avantages mais présente l'inconvénient d'être asynchrone. Comme nous le verrons dans la description détaillée de ARCS au prochain chapitre, une des caractéristiques de ARCS est la communication synchrone Signal/Slot. Un signal ne peut être émis de nouveau si le slot destinataire n'a pas reçu le signal précédent. L'utilisation de CORBA pour gérer la distribution dans ARCS est donc écartée.

Une autre solution très populaire pour la gestion de la distribution est l'utilisation de services web. L'architecture orientée services (SOA) est un modèle d'interaction applicative basé sur les services (Composants logiciels) utilisant un format d'échange pivot, le plus souvent XML. L'architecture est standardisée et peut synchrone ou asynchrone. Cependant, la structure des messages XML, bien que justifiée (pour des raisons de standardisation et de sécurité entre autres) présente une lourdeur dans l'envoi et le traitement des messages. Cette lourdeur est difficilement conciliable avec des applications à forte contrainte temps réel.

1.3.3 Conclusion

Dans ce chapitre, nous avons d'abord introduit la Réalité Augmentée comme finalité d'un point de vue très général avant de tenter de la situer par rapport à des disciplines voisines (Réalité Virtuelle) selon différents axes. Ensuite, nous nous sommes intéressés aux verrous des applications de RA qui représentant autant de défis à relever. Ces défis introduisant des solutions génériques et réutilisables, nous avons introduit la nécessité d'ELs (Environnements Logiciels) dédiés et nous avons traité, entre autre, la question de la distribution (indispensable pour un système de RA de nos jours) au sein de ces ELs. Les concepts utilisés sont très variables d'un EL à l'autre mais nous ont permis d'identifier les point à améliorer dans notre propre EL et les solutions à éviter. Il ne s'agit évidemment pas de reprendre telles quelles des expériences passées mais de s'en inspirer pour construire une solutions qui nous est propre et qui réponde à nos objectifs (et qui fonctionne selon nos contraintes). De la comparaison des différents ELs ont émergé différentes pistes à étudier pour le choix d'une architecture logicielle appropriée.

Chapitre 2

Architectures logicielles distribuées

2.1 Évolution des architectures informatiques

Les architectures informatiques évoluent à travers le temps, selon les utilisations et les possibilités offertes par le matériel et les infrastructures réseau. Dans les années 1960 et 1970, la première vague de gros serveurs monolithiques, couteux à l'achat et à l'exploitation, a vu le jour et peuvent être considérés comme les précurseurs de l'unité centrale. Les ressources internes étaient mises en commun et un usage intensif de la virtualisation était fait afin de s'assurer de la meilleure utilisation de ces ressources extrêmement coûteuses. Dans les années 1980 et 1990, avec la baisse des coûts et la démocratisation des PCs ainsi que la généralisation des réseaux, les architectures client/serveur émergent en permettant de séparer la couche applicative de la couche serveur. Outre le contexte favorable, cette évolution est également due aux besoins en architectures plus agiles, permettant de disposer de clients exécutant des interfaces utilisateur plus riches et réduisant les coûts en se déchargeant de la gestion des utilisateurs (clients). Les serveurs monolithiques n'étaient plus utilisés que pour des traitement par lots massifs et certains calculs scientifiques.

Comme présenté plus loin dans ce chapitre, de nombreux intergiciels (*middleware*) ont vu le jour afin de faciliter la construction rapide et standardisée d'applications hétérogènes basées sur le paradigme client/serveur et les architectures 3 tiers (couche présentation, couche métier et couche de données).

Au sein d'une organisation, les différentes applications utilisées dans les différents ser-

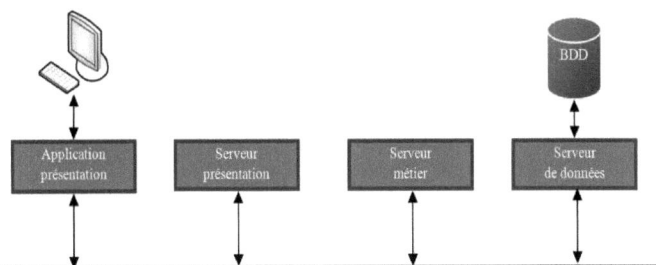

FIGURE 2.1 – Architecture séparant les couches de présentation à l'utilisateur, métier et données.

CHAPITRE 2. ARCHITECTURES LOGICIELLES DISTRIBUÉES

vices doivent partager des données communes et interagir entre elles de manière transparente. Ceci implique des efforts et des coûts importants pour concevoir, implémenter et tester les communications entre les différentes applications qui peuvent être codées dans des langages différents et s'exécuter sur différents systèmes d'exploitation et architectures matérielles. Si nous prenons comme exemple une application ayant besoin de communiquer avec d'autres applications pouvant être écrites dans six (06) langages différents (C, C++, java, python, php, basic) et s'exécutant sur quatre (04) types de plateformes différents (386 32/64bit Unix/Windows), alors nous arrivons à vingt-quatre (24) implémentations différentes des communications entre applications. Bien que certains langages soient plus portables que d'autres (notamment grâce aux machines virtuelles d'exécution d'applications), la problématique de la diversité des langages et de l'interopérabilité d'applications écrites pour différents environnements logiciels/matériels reste toujours pertinente y compris pour une application implémentée dans un langage s'exécutant sur machine virtuelle d'exécution.

La figure 2.2 illustre bien l'utilité d'un *middleware*. En effet, la séparation des couches applicatives des couches de codage/décodage et de transmission permet une maintenabilité plus ciblée et une flexibilité accrue. Pour supporter de nouveaux formats d'échange, il est inutile de redévelopper toute l'application. Il suffit de modifier la couche de codage/décodage. Et pour supporter d'autres protocoles de communication, il suffit de modifier la transmission. Ces modules de codage/décodage et transmission étant développés une fois pour toutes et utilisable dans n'importe quelle application passant par le *middleware*.

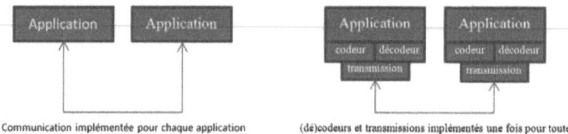

FIGURE 2.2 – Introduction à l'utilité d'un middleware.

Durant les années 2000, avec la quantité toujours plus importante de données prise en charge par les centres de données (*data centers*), ainsi que les problématiques associées à l'espace, l'alimentation en énergie et les systèmes de refroidissement de ces centres, des concepts tels que la grille informatique (*grid computing*) et la virtualisation ont commencé à émerger et à s'étendre. Ces infrastructures sont dites virtuelles car, bien que constituées de composantes matérielles et logicielles, elles n'établissent de relations entre leurs composants que d'un point de vue logique. La principale idée est d'exploiter au mieux les ressources disponibles sur un réseau via un *middleware* en permettant par exemple, de prêter des cycles de calcul inutilisés et de les récupérer ultérieurement.

L'informatique en nuage (ou *cloud computing* en anglais) pousse plus loin ces concepts en proposant la gestion de la mise en commun des différentes ressources de façon dynamique, automatisée et quantifiée. Le *cloud computing*, dans sa définition la plus générale, n'est pas à proprement parler un paradigme d'architecture logicielle dans le sens où il n'implique pas forcément qu'une application s'exécutant sur un cloud ait une conception particulièrement prévue pour. Cependant, les fournisseurs d'infrastructures IaaS (*Infrastructure as a Service* proposent aujourd'hui des briques logicielles et des services qui, offrant des fonctionnalités et des optimisations particulières, conditionnent la conception des applications. Nous citerons comme exemple Windows Azure mettant à disposition des domaines d'application (au sens du *Common Language Runtime* (CLR)) et pas uniquement des serveurs virtuels. A ce niveau, nous parlerons de PaaS (*Platform as a Service*). Pour l'utilisateur final qui fait appel à un service transparent qui réalise une fonction donnée, nous désignons la solution par SaaS (*Software as a Service*). Cette solution est la plupart du temps elle même constituée de plusieurs services élémentaires collaborant à la réalisation d'une fonction de plus haut niveau. Voir la figure 2.3 pour une vue globale de l'architecture d'un cloud.

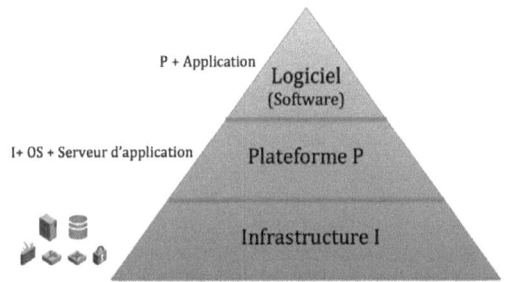

FIGURE 2.3 – Différentes couches d'une architecture en nuage.

Les différents styles d'architectures évoquées plus haut répondent chacun à une problématique déterminée et se situent dans un contexte technologique donné. Ainsi, les architectures en nuage ne constituent pas forcément un but à atteindre pour des applications destinées à un nombre d'utilisateurs restreint. Les *middlewares* basés composants peuvent s'avérer plus performants en utilisant des protocoles à en-têtes plus légers (bien que moins standardisés) que ceux des services web. Enfin, au sein des styles architecturaux eux-mêmes, il existe plusieurs standards de référence. C'est ce que nous détaillerons dans la section suivante afin d'avoir une vision plus précise des différentes variantes qui peuvent co-exister dans un même paradigme architectural et d'identifier les apports de chacune de ces variantes.

2.2 Architectures distribuées existantes

2.2.1 Intergiciels orientés composants

Les premiers intergiciels (*middlewares*) ont vu le jour en réponse à la complexité introduite par l'hétérogénéité des données échangées, des langages de programmation utilisés pour le développement des applications distribuées et enfin des systèmes d'exploitation pour lesquels ces applications sont développées. Ainsi, dans le contexte de la généralisation de la programmation orientée objet, le besoin de faire communiquer des objets distants de manière transparente se fait sentir. Un objet étant défini de manière différente selon le langage et ayant une représentation mémoire liée au contexte de l'application, il convenait d'établir un langage commun indépendant de l'architecture de la machine et du langage de programmation, permettant de faire communiquer des objets distants sans avoir à reprogrammer les échanges de données pour chaque langage et pour chaque système. Ce langage commun sur lesquels beaucoup de *middleware* se basent est appelé IDL (*Interface Description Language* ou *Interface Definition Language*). Bien que cette dénomination ait été d'abord utilisée pour le langage CORBA et que ce soit un standard de l'OMG, d'autres variantes sont apparues (ex. Thrift IDL). Ces langages permettent de définir des objets distribués et de générer automatiquement les squelettes des clients et serveurs correspondants dans les langages supportés. Le client a une visibilité sur les services offerts par le(s) serveur(s) et peut ainsi invoquer les méthodes distantes (appels nommés RPC pour *Remote Procedure Call*) dont l'implémentation n'est disponible que côté serveur (voir figure 2.4). Nous verrons dans la suite de ce chapitre le détail de la mise en œuvre d'une application en partant d'une description avec l'IDL jusqu'à l'appel concret des méthodes distantes.

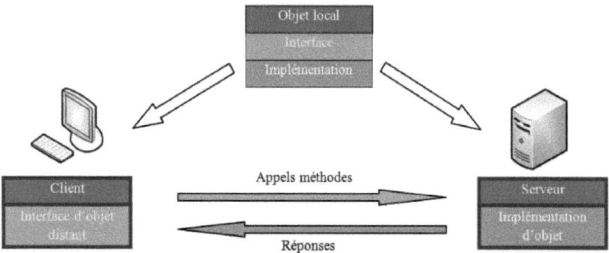

FIGURE 2.4 – Illustration de la séparation de l'interface et de l'implémentation d'un objet distribué et d'un RPC.

Un composant est une brique logicielle réutilisable de granularité supérieure à l'objet (typiquement constitué de plusieurs objets). Un composant doit également être autonome au sens où il ne dépend d'autres composants que dans le cadre d'une application les regroupant (architecture à couplage faible). Un point important des architectures orientées composants est que chaque composant doit exposer ses interfaces par lesquelles il peut être connecté, sans modification, à d'autres composants pour construire un système plus large [Szyperski, 2002].

2.2.1.1 ONC RPC

Les *Remote Procedure Call* (Appel de procédure distante) (RPC) ONC (Open Network Computing) sont à l'origine des RPC. La première spécification fut faite en 1988 par Sun Microsystems [Microsystems, 1988]. A partir d'une description en langage XDR (*eXternal Data Representation*) des fonctions distantes que le serveur offrira aux clients, un générateur de code créera automatiquement dans le langage cible désiré le squelette du serveur et la souche cliente. Le développeur n'aura ensuite qu'à écrire le client faisant appel aux fonctions distantes et à implémenter concrètement les fonctions offertes par le serveur. RPC ONC met en œuvre un serveur d'enregistrement(*portmapper*) permettant de lier un service donné à un port spécifique et de pouvoir retrouver le port correspondant à un service en disposant du nom de celui-ci.

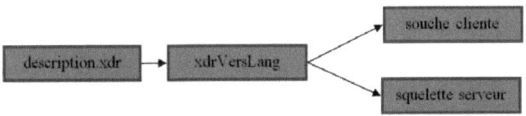

FIGURE 2.5 – Génération de code pour différents langages à partir d'une même description XDR.

2.2.1.2 CORBA

CORBA est l'un des *middleware* les plus connus notamment pour avoir été l'une des premières initiatives en ce sens. En effet, la norme CORBA a été initiée dès 1992 par différents constructeurs dont ORACLE et IBM regroupés au sein de l'*Object Management Group*. La deuxième version de CORBA, qui voit le jour en 1995, inclut la spécification de l'IDL et du protocole IIOP *Internet Inter-ORB Protocol*, implémentation pour TCP/IP du protocole abstrait GIOP *General Inter-ORB Protocol* conçu pour offrir de bonnes performances notamment en termes de scalabilité. L'IDL connait régulièrement des mises à jour et l'OMG offre pour l'instant, des mappages standards pour les langages Ada, C, C++, Lisp, Ruby, Smalltalk, Java, COBOL, PL/I et Python. D'autres mappages non-standards existent. La première étape lors du développement d'une application basée sur CORBA est la rédaction de la description IDL de l'application. Prenons un exemple :

```
module banque {
interface Compte {
void deposer( in float montant );
boolean retirer( in float montant );
float solde();
string getTitulaire();
};
};
```

Chaque méthode est un service faisant partie d'un regroupement de services (interface), lui même membre d'un espace de définitions incarné par le module. La description IDL permet également d'inclure des descriptions de types, des constantes, des exceptions ainsi que des attributs. Cette description est ensuite passée à un interpréteur (*mapper*) qui se charge de générer les squelette serveur et souche client. Une vue générale du fonctionnement de CORBA est présentée en figure (2.6).

2.2.1.3 JAVA RMI

Bien que RPC soit adapté au paradigme de la programmation procédurale, il n'est pas directement applicable à la programmation orientée objet qui est aujourd'hui très largement généralisée. C'est ici que *Remote Method Invocation* (RMI) entre en jeu en reprenant les concepts de RPC en les intégrant au modèle d'objets distribués de Java.

Avec *Remote Method Invocation* (API Java pour l'appel de méthodes distantes) (RMI), il n'est pas nécessaire de décrire les méthodes d'objets distants dans un fichier IDL. RMI [Grosso, 2001] fonctionne directement sur les objets existants en fournissant une intégration transparente. Les objets java déployés sur différentes machines virtuelles (éventuellement

CHAPITRE 2. ARCHITECTURES LOGICIELLES DISTRIBUÉES

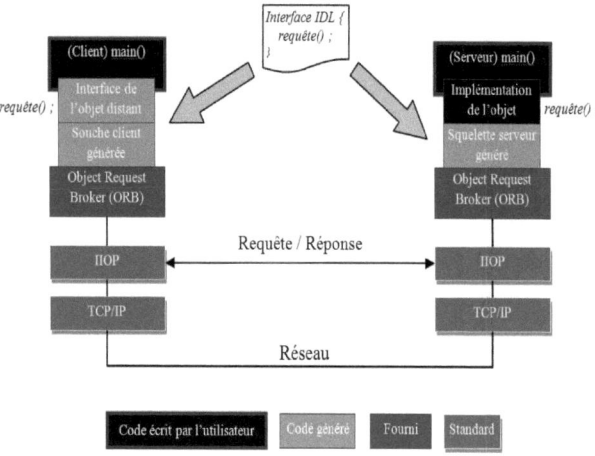

FIGURE 2.6 – Fonctionnement de CORBA.

des machines physiques différentes) peuvent communiquer comme s'ils étaient sur la même machine.

Les connexions et les transferts de données se font par TCP/IP en respectant le protocole *Java Remote Method Protocol* (JRMP). Pour plus d'interopérabilité, les communications sont gérés par le protocole RMI-IIOP (Internet Inter-Orb Protocol) à partir de Java 2 Version 1.3. Le même protocole qu'utilise CORBA.

L'inconvénient par rapport à CORBA, est que seuls les objets Java sont supportés.

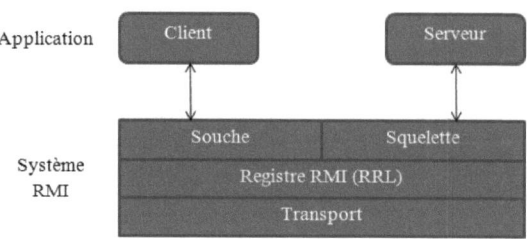

FIGURE 2.7 – Couches de Java RMI.

Java RMI permet de télécharger à l'exécution les souches requises pour invoquer une méthode distante. Ces codes téléchargés sont dans un format bytecode indépendant de l'architecture de la machine. Parallèlement, le fonctionnement interne de Java RMI utilise la sérialisation pour transmettre des types d'objets arbitraires à travers le réseau. Une vérification de sécurité du code téléchargé afin d'éviter un code nuisible au système.

Considérons le scénario suivant :
– Un développeur X écrit un service qui effectue une fonctionnalité donnée. Il met régulièrement à jour ce service en le fiabilisant et en améliorant la fonctionnalité

CHAPITRE 2. ARCHITECTURES LOGICIELLES DISTRIBUÉES

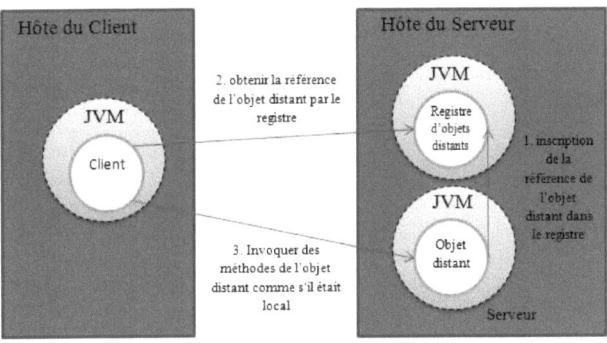

FIGURE 2.8 – Fonctionnement de Java RMI.

proposée (ex. précision) ;
- Un développeur Y veut utiliser le service proposé par X et être à jour des nouvelles mises à jour. Cependant le développeur X ne peut pas envoyer des mises à jour à tous les développeurs utilisant son service.

RMI propose une solution à cette problématique simplifiée dans le scénario précédent en gérant automatiquement les mises à jour du service. Pour utiliser le service distant, le client ne se soucie donc pas des versions ou de la machine de déploiement de l'objet distant. Comme indiqué dans la figure 2.8, le client récupère simplement la référence du service préalablement inscrit sur le serveur et peut directement commencer à l'utiliser comme s'il était déployé localement.

RMI répond donc à la tendance générale des systèmes distribués devenant de plus en plus dynamique. RPC et RMI sont synchrones : le client est bloqué pendant que l'appel est traité par le serveur. Les variantes asynchrones qui sont basées sur du *multithreading* sont difficiles à manipuler et génèrent souvent des erreurs. Néanmoins, la tendance dans les systèmes distribués s'oriente de plus en plus vers des systèmes asynchrones et réactifs qui sont notamment capables de continuer à fonctionner en cas de longue attente d'un appel synchrone. Ceci est particulièrement vrai dans des applications de type interface utilisateur ou des systèmes temps réel comme c'est le cas en Réalité Augmentée. Des systèmes aussi réactifs et asynchrones sont plus souvent mieux établis en étant basés sur des paradigmes de communication plus abstraits (basés évènements ou signaux par exemple). Les évènements sont de simples messages asynchrones. Ils sont attractifs et faciles comprendre d'un point de vue conceptuel étant donné qu'ils représentent une manière intuitive (bien que restrictive) de modéliser quelque chose qui a eu lieu et qui peut représenter un intérêt pour d'autres objets (ou composants).

Les architectures distribuées basées sur ce paradigme sont fréquemment qualifiées de middelware éditeur (*publisher*) / souscripteur (*subscriber*). A la manière de l'architecture Tinmith evo-5 décrite au premier chapitre, le concept suppose que les objets intéressés par un certain nombre de messages d'un objet, annoncent leur intérêt (souscrivent) pour les notifications émises par cet objet correspondant au type de messages attendus (ex. certains évènements particuliers). Ainsi, ne seront transmis que les messages dignes d'intérêt pour chaque destinataire. Du point de vue de la conception logicielle, cela offre notamment l'avantage d'avoir une notification directe plutôt qu'une écoute active (*busy-probing*)

2.2. ARCHITECTURES DISTRIBUÉES EXISTANTES

CHAPITRE 2. ARCHITECTURES LOGICIELLES DISTRIBUÉES

du souscripteur qui devrait périodiquement vérifier si de nouvelles notifications sont à prendre en charge.

2.2.1.4 Zero MQ (ØMQ)

C'est un *middleware* relativement récent. Il est orienté messages et fournit une bibliothèque légère pour les applications distribuées et concurrentes sans nécessiter de courtier de messages (message broker). ØMQ [Hintjens, 2010] est développé par iMatrix avec l'aide d'une très large communauté de contributeurs. L'interface de programmation d'applications de ØMQ emprunte plusieurs notations des bibliothèques de sockets traditionnelles. Dans ØMQ, chacune des sockets peut comprendre des connexions plusieurs-à-plusieurs. Ces sockets nécessitent l'utilisation de patrons de messages (messages patterns) afin de sélectionner les méthodes optimisées pour chaque patron de message lors de l'utilisation de l'API.

Les patrons de messages basiques pour ØMQ sont :
– Réponse de requête : connecte un ensemble de clients à un ensemble de services. C'est un appel de procédure distante et un patron de distribution de tâches ;
– Publication/souscription : connecte un ensemble d'éditeurs de messages à un ensemble de souscripteurs. C'est un patron de distribution de données ;
– Pipeline : Aussi appelé *UPSTREAM / DOWNSTREAM*. Distribution de messages à des nœuds arrangés dans un pipeline.

Il existe un quatrième patron, souvent utilisé par les habitués aux sockets classiques. Le patron **paire exclusive** permet de connecter exclusivement deux nœuds. Les concepteurs de ZMQ suggèrent de ne l'utiliser que pour connecter deux threads dans un processus.

En plus du choix du patron de messages (et donc le mode de communication inhérent), il convient également de choisir le mode de transport :
– TCP (transport via TCP) le plus utilisé ;
– INPROC (communication intra processus) ;
– IPC (communication inter processus) ;
– MULTICAST.

Le développeur d'application précise ensuite les différentes connexions à effectuer et ce dans une formulation très proche des sockets classiques. ZMQ présente une quantité d'avantages notamment liés à sa légèreté et vitesse de transfert de messages, sa simplicité d'utilisation et d'apprentissage, son caractère libre et ouvert ainsi que de part le large éventail de langages supportés (plus de 30 langages comprenant entre autres C, C++, Java, langages du *framework* .NET, Python).

2.2.2 Des objets aux web services

D'un point de vue technique, le terme service a été utilisé pour faire référence à toute fonction logicielle qui fournit une tâche à une autre entité logicielle y compris en local. Dans les faits, les Intergiciel Orienté Message (*Message-Oriented Middleware*) (MOM) et les Intergiciel Orienté Objet (*Object-Oriented Middleware*) (OOM) tels que CORBA permettent d'implémenter et d'offrir des services. Cependant la section suivante concernera plus particulièrement les Web Services. Les web services fournissent des moyens d'intéfrer des systèmes disparates et d'exposer des fonctionnalités réutilisables via le protocole *HyperText Transfer Protocol* (HTTP). Ils tirent parti du protcole HTTP soit comme un simple moyen de transporter les données (ex. web services SOAP/WSDL) ou l'utilisent comme un protocole applicatif complet qui définit aussi le comportement et la sémantique du service (ex. *REpresentational State Transfer* (REST)).

Les web services sont conçus pour adresser un certain nombre de lacunes inhérentes aux objets distribués. La programmation objet est un paradigme largement répandu dans les langages de programmation modernes pour encapsuler les fonctions (logique métier) et les données. La granularité associée aux objets est relativement fine. Ils encapsulent des données atomiques et des fonctions de base. Leur réutilisation pour accomplir des tâches plus abstraite implique donc une certaine connaissance approfondie du fonctionnement des différentes classes et des interactions possibles entre elles. La réutilisation offerte est communément appelée "réutilisation en boite blanche". Les clients instancient des objets et font appel à leurs méthodes et données en vue d'accomplir une certaine tâche. Cependant, plusieurs problématiques ont émergé notamment à cause de la diversité des langages et des plateformes.

Les programmation orientée composants a émergé en partie pour répondre à ces problématiques. En interdisant l'accès direct aux objets et en proposant une interface permettant de solliciter les capacités d'introspection du composant, la réutilisation offerte dans ce cas est dite "réutilisation en boite noire". Dans cette catégorie, nous pouvons citer les très populaires contrôles ActiveX nés dans les années 1990 intégrables aussi bien dans des applications windows sur PC que sur des applications basées web. Les interactions se font via des interfaces décrivant les méthodes et les propriétés des composants distants. Ces interfaces sont décrites comme vu précédemment par des IDL. La problématique principale liée aux *middlewares* basés composants est le maintien de l'état de la session pour chaque client, ce qui engendre des problématiques de scalabilité.

- Utilisation dégradée de la mémoire du serveur avec l'augmentation de la charge du serveur ;
- Les techniques d'équilibre des charges sont plus difficiles à mettre en œuvre du fait de la gestion des sessions. Un état de session étant réservé pour un client donné, les requêtes de celui-ci sont, par défaut, redirigées vers le serveur où sa session a été établie. Ce qui signifie que la charge pour ce client ne peut pas être répartie, à moins de mettre en place une infrastructure complexe (ex. mémoire partagée) permettant aux autres serveurs d'accéder à la session du client ;
- Des problématiques de gestion de la mémoire notamment dues aux stratégies de gestion de la mémoire côté serveur comptant sur une notification du client pour pouvoir libérer l'espace alloué pour ce client. Cependant, en cas de mauvaise implémentation, ou en cas de crash côté client, cette mémoire n'était jamais libérée.
- La perte potentielle d'un travail en cours d'un client due à un crash du processus maintenant la session du client.

C'est dans ce contexte et pour répondre à cette série de problématiques entre autres que les web services ont vu le jour promettant des entités logicielles faiblement couplées et des architectures fortement scalables.

2.2.3 Webservices

Les architectures orientées service (SOA) ont le vent en poupe. SOA est une architecture pour la conception d'applications qui sont constituées de trois (03) parties principales : Les interfaces des services Web, les composants d'application basés service, ainsi que l'orchestration de processus.

Selon [Maamar *et al.*, 2003], une application est un service web si elle est : (i) indépendante autant que possible des plateformes spécifiques et des paradigmes de calcul ; (ii) développé principalement pour des situations inter-organisationnelle plutôt que pour des situations intra-organisationnelle ; et (iii) facilement composable (sa composition avec d'autres services web n'exige pas le développement des adaptateurs complexes). Par contre, les services web manquent de mécanismes pour faire face à la qualité de service (QoS). En effet, les exigences des utilisateurs peuvent avoir lieu sur des aspects fonctionnels et non-fonctionnels, alors que la pile (*stack*) des protocoles des services web soutiennent la spécification, la publication et la découverte des services web seulement sur des aspects fonctionnels. En conséquent, afin de pouvoir utiliser un service web, un système doit avoir la capacité de le tester en se basant sur ses qualités tels la disponibilité, performance, sécurité, interopérabilité, etc. Ces paramètres constituent des attributs non-fonctionnels d'un service web et sont cruciales avant de pouvoir l'exploiter dans un domaine collaboratif ou non collaboratif.

Pour [Wright, 2005], il est important de distinguer les services web (adoptée par le terme "service-oriented architecture)" et les sites web ou les "hyperlinks" : "Un service Web est une composante active dans un environnement qui fournit et gère l'accès à une ressource, qui est essentiel pour le fonctionnement d'autres entités dans l'environnement, alors qu'une page web est statique, une seule représentation de certaines informations".

2.2.3.1 Orchestration et chorégraphie

L'orchestration et la coordination des services web visent à fournir un "modèle de conversation" [Peltz, 2003] entre différents services web faiblement couplés (*loosely coupled*), qui est semblable à une conversation téléphonique, comprenant une série d'échanges entre les parties d'une façon plus souple et dynamique. En effet, [Peltz, 2003] définit l'orchestration comme la description "d'un processus de gestion exécutable qui peut interagir avec des services web internes et externes". Une analogie fréquemment utilisée est l'orchestration d'un chef d'orchestre, qui suggère un contrôle centralisé des *middlewares* traditionnels. La chorégraphie, cependant, est plus descriptive et "plus collaborative dans sa nature, dans laquelle chaque partie impliquée dans le processus décrit le rôle qu'ils jouent dans l'interaction". Une analogie pourrait être la chorégraphie de danse, où chacun suit des règles distinctes et spécifiques à chaque danseur, et où il n'y a pas de "chef d'orchestre" en dehors de la conception. Ainsi, la différence clé entre l'orchestration et la chorégraphie des services, est la présence ou l'absence d'un "chef d'orchestre" ([Svirskas *et al.*, 2005]). L'orchestration implique une délégation (abandon) de la responsabilité au chef d'orchestre qui peut commander les services et la gestion des erreurs. Cela allège la charge sur les services (c'est la raison pour laquelle les organisations ont tendance à être hiérarchiques), mais est, par nature, rigide et dépendante du chef d'orchestre. En revanche, la chorégraphie repose sur chacun des services afin de répondre de façon appropriée lorsque des erreurs ou des problèmes se produisent, et cela exige de chaque service de comprendre les buts et le contexte global (d'où la sémantique). Il en résulte une charge de responsabilité plus grande sur les services.

2.2.4 Paradigmes et technologies de Webservices

2.2.4.1 XML RPC

Les XML-RPC [Winer, 1999] font partie des Web services. Elles datent du début des années 2000. Considéré comme l'ancêtre de SOAP, XML-RPC est notamment basé sur le langage *eXtensible Markup Language* (Langage de balises extensible) (XML). Le principe est d'envoyer des requêtes HTTP vers un serveur supportant le protocole. Le client est typiquement un logiciel voulant exécuter une méthode d'un système distant. Les paramètres peuvent être des structures de données et des objets qui seront ensuite traduit en XML et décomposés en types atomiques. SOAP, présenté plus bas en section 2.2.4.2 ayant pris racine du XML-RPC, les différences ne sont pas toujours notables. Nous avons donc tenté de les identifier afin de bien dégager les avantages/inconvénients des deux standards :
- Spécification moins ambiguë pour SOAP [Mitra et Lafon, 2007] (44 pages) par rapport à XML-RPC (6 pages) ;
- XML-RPC est moins verbeux mais offre également moins de possibilités ;
- XML-RPC est orienté appel de procédure distante via HTTP(S) uniquement alors que SOAP peut gérer des transferts de documents et peut fonctionner via d'autres protocoles (ex. SMTP) ;
- XML-RPC ne requiert pas (et ne supporte pas) la création de services WSDL ;
- XML-RPC présente des problèmes récurrents liés aux caractères non ASCII ;
- XML-RPC requiert des paramètres fournis dans le bon ordre, sans pouvoir nommer les paramètres.

2.2.4.2 SOAP

Initié par IBM et Microsoft, SOAP [Mitra et Lafon, 2007] (à l'origine acronyme de *Simple Object Access Protocol*) est un protocole d'invocation de méthodes sur des services distants. Basé sur XML, SOAP est un format de communication pour assurer communication de machine à machine. Il permet l'échange de données et l'appel de procédures distantes (RPC). Le plus souvent, le protocole utilisé est HTTP même si les communications peuvent également se faire via d'autres protocoles comme SMTP par exemple. Le message SOAP contient deux sous-éléments spécifiques à SOAP à l'intérieur de l'enveloppe (env :Envelope) externe, un env :Header (en-tête) et un env :Body (corps). Les contenus de ces éléments sont définis par l'application et ne font pas partie de la spécification de SOAP, bien que celle-ci ait spécifie des règles sur la manière dont ces éléments seront traités. L'en-tête SOAP est optionnel mais peut s'avérer utile dans bien des cas. Un en-tête SOAP est un mécanisme d'extension qui donne un moyen de passer des informations dans un message SOAP sans poids pour l'application. Ces informations de "contrôle" incluent, par exemple, des directives ou des informations contextuelles liées au traitement du message. Ceci permet d'étendre un message SOAP de manière spécifique à l'application. Les éléments fils immédiats d'un élément env :Header sont appelés blocs d'en-tête et représentent un regroupement logique de données qui, comme décrit plus loin, peuvent être destinées individuellement à des intermédiaires rencontrés sur le chemin suivi par le message entre l'émetteur et le destinataire final.

Les en-têtes SOAP ont été conçus pour anticiper des utilisations diverses de SOAP, parmi lesquelles beaucoup impliquent la participation d'autres noeuds SOAP - appelés intermédiaires SOAP - au long du cheminement d'un message depuis un émetteur SOAP initial jusqu'à un récepteur SOAP final. Ceci permet à ces noeuds d'échanger des informations ajoutant de la valeur au service. Les en-têtes, comme montré plus loin, peuvent être inspectés, insérés, supprimés ou réacheminés par les noeuds SOAP rencontrés au long d'un chemin de message SOAP. (Il faut garder à l'esprit que la spécification SOAP ne s'occupe pas de ce qu'est le contenu des éléments d'en-têtes, ni de la façon d'acheminer les messages entre noeuds, ni de déterminer la route, etc. Ces problèmes font partie de l'application dans son ensemble et pourrait faire l'objet d'autres spécifications).

Le choix des données à placer dans un bloc d'en-tête ou dans le corps est une décision de conception de l'application. Le principal point à considérer est que les blocs d'en-tête peuvent être adressés à différents nœuds potentiellement rencontrés sur le chemin du message. Alors que les éléments contenus dans le corps du messages sont destinés à échanger des informations entre l'émetteur initial SOAP et le destinataire final.

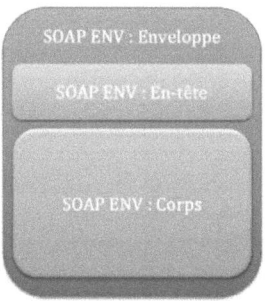

FIGURE 2.9 – Structure d'un message SOAP.

SOAP permet de construire des échanges de documents (données) qui peuvent constituer une séquence "conversationnelle". Il permet également d'effecteur des appels de procédures distantes. L'exemple de la figure 2.10 pris tel quel du site internet du W3C consortium illustre une requête (interrogation d'un service pour obtenir la valeur de l'action d'une entreprise en bourse) suivie d'une réponse SOAP.

Pour invoquer un RPC SOAP, les informations suivantes sont nécessaires :
– L'adresse du noeud SOAP cible.
– Le nom de procédure ou de méthode.
– Les identifiants et valeurs de tous les arguments à passer à la procédure ou la méthode, ainsi que tout paramètre en sortie et valeur de retour.
– Une nette séparation des arguments utilisés pour identifier la ressource Web, qui est la vraie cible de l'appel RPC, de ceux qui représentent les données ou information de contrôle utilisées pour le traitement par la ressource cible.
– La séquence d'échange de messages qui sera suivie pour véhiculer l'appel RPC, ainsi que l'identification de la dite "méthode Web" (plus de détails à venir) à utiliser.
– Optionnellement, des données qui peuvent être transportées comme parties de blocs d'en-tête SOAP.

Depuis sa version 1.2, SOAP ne désigne plus un acronyme ; la notion d'objet ayant été rendu obsolète par l'utilisation d'Infoset XML.

Pour comprendre Infoset, il faut garder en tête qu'XML définit un format d'échange de données structurées selon leur modèle. Ce format d'échange est, par définition, contenu

Requête :

```
POST /InStock HTTP/1.1
Host: www.example.org
Content-Type: application/soap+xml; charset=utf-8
Content-Length: nnn

<?xml version="1.0"?>
<soap:Envelope
xmlns:soap="http://www.w3.org/2001/12/soap-envelope"
soap:encodingStyle="http://www.w3.org/2001/12/soap-encoding">

<soap:Body xmlns:m="http://www.example.org/stock">
  <m:GetStockPrice>
    <m:StockName>IBM</m:StockName>
  </m:GetStockPrice>
</soap:Body>

</soap:Envelope>
```

Réponse :

```
HTTP/1.1 200 OK
Content-Type: application/soap+xml; charset=utf-8
Content-Length: nnn

<?xml version="1.0"?>
<soap:Envelope
xmlns:soap="http://www.w3.org/2001/12/soap-envelope"
soap:encodingStyle="http://www.w3.org/2001/12/soap-encoding">

<soap:Body xmlns:m="http://www.example.org/stock">
  <m:GetStockPriceResponse>
    <m:Price>34.5</m:Price>
  </m:GetStockPriceResponse>
</soap:Body>

</soap:Envelope>
```

FIGURE 2.10 – Structure d'un message SOAP.

dans un fichier séquentiel comportant un début et une fin. Infoset est alors la vue "désérialisation" d'un fichier XML : c'est alors la structure logique d'un document décrit par la syntaxe XML.

La spécification définit le jeu de données abstrait qu'il est nécessaire de construire à partir de la lecture d'un document XML "bien formé", lors de sa représentation sous forme d'arbre d'objets typés et ordonnés. Cette représentation est celle que doit présupposer

CHAPITRE 2. ARCHITECTURES LOGICIELLES DISTRIBUÉES

n'importe quelle application manipulant de l'information XML : les chargeurs XML sont alors supposés reporter, d'une façon ou d'une autre, ces éléments d'informations aux applications.

Le jeu d'informations différencie ce qui est absolument nécessaire (document, élément, attribut, processing instruction, entités, caractères, notations, déclarations d'espaces de noms) et ce qui est périphérique (DTD, commentaires, etc.).

2.2.4.2.1 WSDL

WSDL [Christensen *et al.*, 2001] est une grammaire XML permettant de décrire un Service Web (WSDL pour *Web Services Description Language*). La version 2.0 a été approuvée le 27 juin 2007 et est désormais une recommandation officielle du W3C. Souvent désigné par WSDL dans les documents techniques (autre prononciation connue : « Whiz-Deul »). Le WSDL décrit une Interface publique d'accès à un Service Web, notamment dans le cadre d'architectures de type SOA (Service Oriented Architecture). C'est une description fondée sur le XML qui indique « comment communiquer pour utiliser le service » ;

2.2.4.3 REST

REST pour *REpresentational State Transfer* n'est pas une technologie, ni un protocole à proprement parler mais plus un style d'architecture pour les systèmes distribués. Fondées par Roy Fielding [Fielding, 2000], les architectures REST sont particulièrement adaptées au Web même si elles n'en dépendent pas et peuvent parfaitement s'adapter à d'autres protocoles que le HTTP.

L'idée principale dans le paradigme REST est que les architectures sont soumises à un ensemble de contraintes appliquées aux éléments de l'architecture. En examinant l'impact de chaque contrainte ajoutée au modèle, il est facile d'identifier les propriétés induites par les contraintes du web. D'autres contraintes peuvent alors être appliquées pour former un nouveau style architectural qui reflète mieux les propriétés souhaitées pour une architecture web plus moderne.

2.2.4.3.1 contraintes de REST

Il y a deux visions très communes du processus de la conception architecturale. Qu'elle soit pour des bâtiments ou pour des logiciels. La première serait qu'un concepteur d'architecture commence à partir de rien, un tableau blanc et qu'il construit une architecture à partir de composants familiers jusqu'à ce qu'elle satisfasse les besoins du système souhaité. La seconde suppose qu'un concepteur d'architecture commence avec le système souhaité et l'ensemble des objectifs inhérents sans aucune contrainte et que de manière incrémentale, il identifie et applique des contraintes aux éléments du système pour qu'ils puissent exister concrètement et en harmonie avec toutes les composantes du système et son environnement.

Tandis que la première encourage la créativité et l'innovation sans limite, la deuxième se focalise sur le système et son contexte en vue d'atteindre des objectifs bien déterminés. Le développement de REST a suivi le second processus. Les différentes contraintes ajoutées incrémentalement sont les suivantes :

1. Système "Origine" : Appelé *NULL Style* dans le chapitre 5 de la thèse de Fielding [Fielding, 2000], il s'agit du système souhaité sans aucune distinction entre les composants constituant ce système. Le système est vu comme un seul bloc non encore segmenté.

2. Client-Serveur : Première contrainte introduite au modèle REST. L'objectif est ici de séparer les couches métiers et présentation (interface). Cela améliore la portabilité de l'interface et facilite la scalabilité côté serveur en simplifiant les composants du serveur. Elle permet également des évolutions indépendantes des deux côtés ou tout du moins faiblement couplées.

3. Indépendance de l'état du serveur : Cette contrainte (donnant le S de REST pour *stateless*) est ajoutée pour les communications client-serveur. Elle implique notamment que toute requête formulée par le client doit contenir l'intégralité des informations nécessaires à son exécution par le serveur et ne doit pas présupposer un quelconque état de celui-ci ou l'exploitation d'un quelconque contexte stocké côté serveur. L'état de la session est entièrement stocké sur le client.
Cette contrainte introduit notamment les propriétés suivantes : fiabilité et scalabilité. Cependant, elle implique également une verbosité des requête et un manque de contrôle du serveur sur la session ainsi qu'une redondance de données dans les en-têtes des requêtes à chaque interaction et donc une mauvaise exploitation des ressources impactant la performance.

4. Cache : Les réponses aux requêtes sont classées comme pouvant être mises en cache ou non selon la nature de la requête. Cette contrainte permet d'éliminer partiellement voire totalement certaines interactions client-serveur.

5. Interface uniforme : Une des caractéristiques principales distinguant REST des autres styles d'architectures logicielles est le fait que l'interface entre les composants est toujours la même quelque soient les composants interagissant. La visibilité des interactions est donc accrue grâce à une interface standardisée. Le bémol introduit est une diminution de la performance obligeant à formuler des requêtes dans un format "universel" pas toujours optimal pour des applications spécifiques.

6. Système en couches : Un système en couches est organisé de façon hiérarchique. Chaque couche fournit des services à la couche au dessus d'elle et utilise les services de la couche en dessous d'elle [V. Ambriola, 1993]. Les modèles en couches sont souvent combinés avec un modèle client-serveur. Un des objectifs est de contraindre le comportement des composants de manière à ce qu'ils ne "voient" que la couche voisine immédiate avec laquelle ils interagissent. Cela favorise une certaine indépendance entre les différentes couches et permet d'améliorer, grâce aux couches intermédiaires, la scalabilité et la répartition des charges (*load balancing*) engendrées par les services à travers différents réseaux et processeurs.

7. Code à la demande (optionnelle) : REST permet aux fonctionnalités du client d'être extensibles en téléchargeant et exécutant du code sous forme d'applets ou de scripts. Cela simplifie notamment les clients en réduisant le nombre de fonctionnalités requises pour un client pré-implémenté. C'est une propriété majeure pour l'extensibilité. Cependant, elle réduit la visibilité d'où le fait qu'elle soit optionnelle.

Le modèle final obtenu est illustré par la figure 2.11. Ce style d'architecture a connu un intérêt et une utilisation croissante pour tous les avantages des propriétés engendrées

CHAPITRE 2. ARCHITECTURES LOGICIELLES DISTRIBUÉES

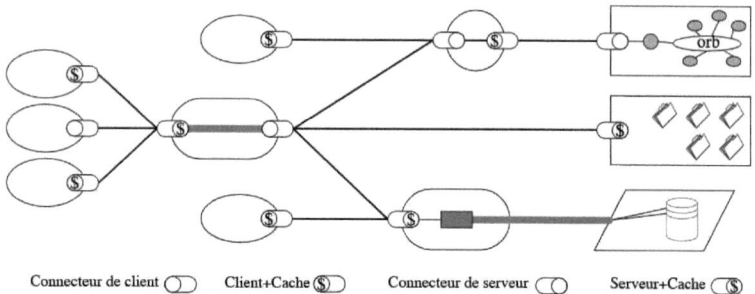

FIGURE 2.11 – Modèle REST proposé par Fielding sur lequel sont appliquées les contraintes imposées.

par les différentes contraintes. Cependant, comme toute architecture logicielle, les choix effectués sont la plupart du temps des compromis et des arbitrages en faveur de telle propriété plutôt que de telle autre. Ainsi, REST est conçu pour être efficace pour le transfert d'hypermedia avec une granularité relativement grosse (pas conçu pour le transfert de données atomiques par transaction). REST s'avère adapté au cas général du Web mais n'est pas toujours adapté à d'autres formes d'interaction architecturale.

2.2.4.4 Autres standards

Plusieurs autres standards, moins populaires que ceux cités précédemment existent et nous ne saurions tous les citer. Cependant, nous faisons dans cette section un survol rapide de quelques standards ayant le mérite de répondre à des problématiques précises.

Initié par la société Facebook afin d'offrir un système de distribution moderne et adapté au web tout en étant léger et scalable, Thrift [Agarwal et al., 2007] est par la suite devenu ouvert au public et open-source. Il fait maintenant partie de la constellation Apache. Implémenté pour divers langages, il fonctionne sur la base d'un IDL.

Atom Publishing Protocol (AtomPub) est un protocole initié comme une alternative au RSS et basé sur le format Atom (langage basé sur XML). C'est un protocole du niveau applicatif basé sur HTTP et permettant la création et la mise à jour de ressources Web. Afin de permettre à des clients de récupérer ces ressources, elles sont présentées dans un format standardisé et lisible par une machine. Les ressources peuvent ainsi être exploitées par un logiciel client ou par un site internet récupérant ces ressources. On parle alors de syndication.

2.2.4.5 Discussion autour des Web Services

Il y a beaucoup d'avantages à adopter une architecture de type SOA. Si l'on considère une organisation qui a transformé ce qui était un reliquat d'un précédent environnement logiciel basé sur une unité centrale vers un environnement complètement basé sur SOA. Une telle organisation aura gagné les bénéfices suivants :

Mobilité du code : Notamment grâce à la transparence des localisations de services caractéristique des architectures orientées service, la mobilité du code devient une réalité.

Architecture en couches : Permet notamment d'avoir une meilleure visibilité globale de l'application et dans le même temps, permet aux développeurs de se concentrer sur la couche sur laquelle ils interviennent.

Sécurité : Etant déployée à chaque couche pour ne permettre que les échanges autorisés, la sécurité s'en trouve forcément accrue par rapport à une architecture monolithique où la sécurité est généralement gérée uniquement à l'"entrée" du système.

Tests : Les services ont des interfaces publiées qui peuvent être testées avec des tests unitaires, voire par des suites de tests générés par des outils spécifiques. Ainsi la phase de test peut être intégrée au processus de construction (*build*) des services. Il n'y a aucune raison de tester une application utilisant le webservice si celui-ci n'a pas réussi la suite de test. Et si le service passe avec succès sa suite de tests, on peut s'attendre à moins d'erreurs lors du test d'une application utilisant le service.

Diversité des clients supportés : Les services proposés étant invariables et proposant la même interface à tous les clients.

Coûts opérationnels réduits : Les composants SOA peuvent être exécutés sous différents environnements matériels et systèmes d'exploitation y compris les environnements open-source comme Linux. En utilisant les grilles informatiques tant au niveau de la base de données que sur la couche du serveur d'application, SOA forme l'environnement idéal dans un contexte de virtualisation - un environnement où les applications sont vues comme une entité unique bien qu'elles comprennent plusieurs composants déployés sur différentes machines - et où même la répartition des charges est effectuée automatiquement parmi de nombreuses plateformes extensibles dynamiques et à faible coût.

Composition de services : Les services créés par les développeurs évoluent en un catalogue de services atomiques réutilisables et qui peuvent être composés pour produire des services plus complexes y compris pour des utilisations non prévues par leurs concepteurs originels.

Maintenance : L'archéologie logicielle est la tâche de localisation et de correction de défauts dans le code. En ce concentrant sur la couche service comme étant le cœur de la logique métier, la maintenabilité augmente car les développeurs peuvent plus facilement localiser et corriger les défauts.

Réutilisabilité : La réutilisation du code est un élément de discussion récurrent et incontournable dans les dernières décennies. Cependant, il est souvent difficile d'atteindre cet objectif étant donné les incompatibilités entre les langages et les plateformes. La réutilisation de composants ou de services est plus aisément atteinte avec des webservice offrant la même interface à tous types de clients. A l'exécution, il suffit de trouver un service à travers son répertoire (annuaire) et de l'interroger, sans que le développeur n'ait préalablement spécifié les versions des compilateurs ou de plateforme ou tout autre élément pouvant être porteur d'une incompatibilité rendant la réutilisation du code problématique.

Meilleur parallélisme dans le développement : La multiplicité des couches logicielles évoquée plus haut implique entre autres que les développeurs peuvent travailler sur chacune d'elles en parallèle et de façon quasi indépendante (en spécifiant préalablement uniquement les échanges entre couches). Les développeurs devraient créer des interface de contrats au démarrage du projet.

CHAPITRE 2. ARCHITECTURES LOGICIELLES DISTRIBUÉES

Meilleure scalabilité : Un des impératifs d'une architecture orientée service est la transparence de la localisation. Cette transparence permet de gérer plus facilement différentes instances de services. Ainsi, un équilibreur de charges *load balancer* permet de transmettre des requêtes aux différentes instances sans que le client ne s'en préoccupe. Également, la multiplicité des couches favorise cette scalabilité.

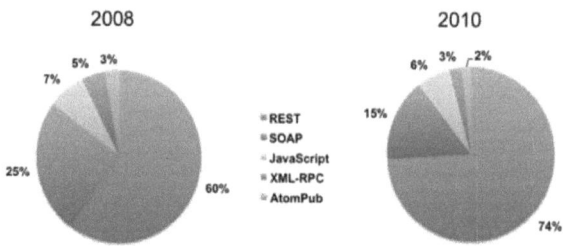

FIGURE 2.12 – Evolution de l'utilisation des standards de Web Services.

Il est facile, par les trois exemples proposés par un même service Web, de voir que la méthode la plus simple est REST, qui a l'avantage énorme de ne pas ajouter une couche d'abstraction à des données qui n'en ont pas forcément besoin. Mais aujourd'hui, tous les langages modernes disposent de fonctionnalités leur permettant d'exploiter des services Web type SOAP ou XML-RPC sans se soucier de la verbosité de leurs messages sortants et entrants. C'est d'ailleurs la raison pour laquelle ces deux techniques ont tant de succès vis-à-vis de REST : les outils sont disponibles, tandis que REST nécessite de mettre en place ses propres méthodes (même si le protocole, lui existe déjà). De SOAP ou XML-RPC, le choix des développeurs tend à se porter sur la première méthode, du fait de certains défauts dans la spécification de la seconde : manque de précisions, confusions sur certains aspects (support Unicode, notamment), mots de passe transmis en clair... XML-RPC reste un format très utilisé par de nombreux développeurs, et est largement implémenté. La meilleure direction à prendre lors de la construction d'un service Web serait bien entendu d'implémenter les trois, mais en l'état actuel des choses, les méthodes à implémenter sont REST pour la simplicité, et SOAP pour le support (Microsoft/W3C). XML-RPC semble ne plus être qu'un bonus donné aux développeurs qui ne souhaitent pas manipuler ces deux autres méthodes.

2.3 Intergiciels basés composants ou web services ?

La table 2.3 retrace les principales différences entre web services et *middlewares* orientés composants.

Dans leur utilité pratique, les web services s'avèrent beaucoup plus scalables et robustes du point de vue de la tolérance aux pannes. Ils sont donc à privilégier pour des applications largement déployées. Cependant, pour des applications impliquant un nombre limité d'utilisateurs, l'utilisation d'un *middleware* peut s'avérer avantageuse grâce à la légèreté potentielle du protocole employé.

Elément de comparaison	Middleware basé composants	Web service
Modèle de données	Modèle Objet	Message structuré
Couplage Client-Serveur	Fort	Faible
Scalabilité	Limitée	Forte
Enveloppe	Potentiellement réduite	Verbeux
Langage d'accès	Tout langage avec IDL implémenté	Tout langage
Passage de pare-feu	Dépend du protocole	Utilise HTTP sur port 80

TABLE 2.1 – Comparatif entre Middlewares orientés composants et Web services

2.4 Conclusion

Dans ce chapitre, nous avons retracé l'évolution des architectures distribuées en partant de leurs premiers balbutiements jusqu'à leur utilisation généralisée dans un très grand nombre d'applications actuelles. A chaque évolution correspond un besoin et un contexte technologique la favorisant. Nous avons notamment distingués les *middleware* "classiques" basés objets des services web apparus plus récemment. En énumérant les différents grands principes de chacun des paradigmes et en étudiant les grands standards de chaque paradigme, nous avons pu comparer les deux approches. Bien que l'utilisation des web services prenne très largement le dessus pour des applications destinées au plus grand nombre et déployées sur internet, l'utilisation d'intergiciels basés objets ou composants peut s'avérer utile dans bien des cas. Cette réflexion est donc tout naturellement prise en compte dans la proposition architecturale détaillée au chapitre suivant.

Chapitre 3

Proposition de modèles d'architectures distribuées pour la Réalité Augmentée

3.1 Introduction

Afin de permettre à l'environnement logiciel de proposer la distribution de composants, nous avons dans un premier temps proposé une architecture permettant de conserver le *framework* actuel tel quel tout en ayant la possibilité de disposer de composants déployés sur différents sites physiques ou logiques. Cette première étape vise donc à distribuer des composants constituant une application ARCS. Plus loin, nous détaillerons également la deuxième étape ayant permis aux applications ARCS d'accéder à des webservices externes hétérogènes et de se comporter elles mêmes comme des services pour des applications indépendantes de ARCS. Le tout en respectant les contraintes liées à la Réalité Augmentée.

Cette volonté de donner la capacité à distribuer les applications de Réalité Augmentée de deux manières distinctes (pouvant être combinées au besoin) découle d'une discussion menée au chapitre précédent dans le but d'identifier les avantages de chacune des deux approches. Nous avons conclu que même si l'une des deux est plus récente, se veut plus interopérable, plus scalable et plus universelle que l'autre, les *middlewares* basés composants restent utile dans bien des cas. Les principaux points de comparaison ainsi que les conclusions de la discussion ont été détaillés au chapitre 2.

L'architecture proposée devant respecter le paradigme architectural de ARCS, nous nous devons, en premier lieu d'aborder son fonctionnement et ses éléments architecturaux afin de mieux comprendre les choix qui sont effectués et leurs implications sur le système existant.

3.2 L'environnement logiciel ARCS

Les principes fondateurs de ARCS ayant déjà été introduits dans le premier chapitre, nous nous focalisons ici sur la mise en œuvre de ces principes, le modèle d'application associé au *framework* ainsi que le fonctionnement pratique du moteur. Il est nécessaire de bien comprendre ces points avant d'aborder les éléments spécifiquement liées à la distribution de composants ARCS.

CHAPITRE 3. PROPOSITION DE MODÈLES D'ARCHITECTURES DISTRIBUÉES POUR LA RÉALITÉ AUGMENTÉE

3.2.1 Modèle d'application

ARCS est basé sur un certain nombre de concepts de base. Notamment le concept de composant logiciel réutilisable. Toute application est construite à partir de ces composants ayant chacun une fonction bien déterminée. Les composants sont inter-connectés afin d'échanger des données et d'appeler les méthodes des autres composants. Cette communication se fait via un mécanisme emprunté aux bibliothèques d'interface graphique. Cette communication utilise le paradigme signal/slot et permet d'appeler une méthode (slot) d'un composant dès qu'un signal connecté à ce slot est émis. Le signal n'a donc pas d'implémentation. Il peut être vecteur de paramètres à transmettre au slot de destination mais son "exécution" se résume à son émission. Une certaine configuration des connexions entre les composants d'une application est appelée "feuille" (voir figure 3.1). Elle peut par exemple représenter un scénario déterminé. Une application peut comporter plusieurs feuilles (plusieurs scénarios par exemple). L'application gère le changement de feuille via un automate (composant spécifique et obligatoire dans toute application) permettant de basculer d'une feuille à l'autre (d'un état de l'automate à l'autre). Le changement de feuille réinitialise toutes les connexions entre composants.

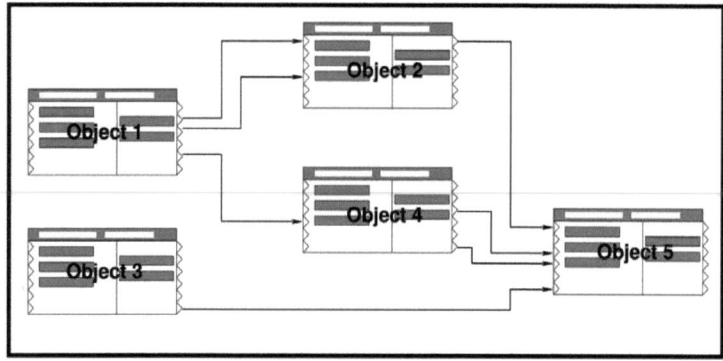

FIGURE 3.1 – Feuille représentant des objets connectés entre eux.

Il est également possible de faire également des agrégations locales : c'est ce que l'on appelle les macro-composants ou macro-blocs. Le concept de feuille peut-être employé pour décrire ces derniers. Un macro-bloc sera une entité qui, vue de l'extérieur, apparaît comme un objet avec ses signaux et ses slots propres mais qui, à l'intérieur, est en réalité un ensemble de composants communiquant entre eux. Il s'agit effectivement d'une structure de feuille telle que définie précédemment, la différence étant que l'on doit définir les entrées/sorties du macro-bloc par rapport aux composants internes.

En supposant qu'une feuille est déjà active et que cette dernière envoie un jeton à l'automate, si ce jeton et cette feuille correspondent à une transition, alors le changement d'état est activé. Celui-ci s'effectue en 5 étapes :

1. Déconnections : Il s'agit de la déconnection de l'ensemble des différents liens signaux/slots décrit par l'état initial. A la fin de cette étape, toute communication entre objets est rendue impossible,

2. Changement de la feuille courante : La feuille courante change et devient celle décrite par l'état final de la transition qui a été activée,

3. Initialisations pré-connection : Avant de connecter les différents liens signaux/slots de la feuille courante, cette étape permet d'initialiser les objets qui seront connectés entre eux. Durant cette phase certains objets dits non persistants sont également instanciés ou détruits,

4. Connections : L'ensemble des différents liens signaux/slots décrit dans la feuille courante sont activés. A la fin de cette étape, les objets communiquent à nouveau entre eux,

5. Initialisations post-connections : A présent un certain nombre d'initialisations qui doivent se propager au travers de la feuille par le biais des communications signaux/slots sont effectuées.

Concrètement, les applications sont décrites par des fichiers XML. XML est devenu un standard pour bon nombre d'applications Web ainsi que les gros systèmes logiciels. XML est un langage de balises qui permet de définir soit même sa propre hiérarchie de balises à l'aide de ce qui est appelé une DTD (pour *Document Type Definition*). Avec une DTD appropriée, les outils XML standards peuvent être utilisés pour éditer, faire des vérifications de type, interpréter et transformer n'importe quel fichier XML.

Un document décrivant une application est composée de 5 blocs qui sont :

1. defines qui contient une liste de constantes pré-définies,
2. libraries qui liste les librairies à charger au démarrage,
3. objects qui donne la liste des objets (composants) employés dans l'application,
4. sheets qui décrit les différentes feuilles composant l'application,
5. statemachine qui donne l'automate associé à l'application.

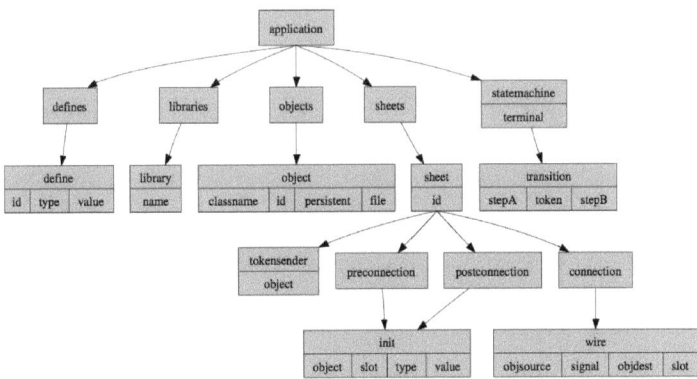

FIGURE 3.2 – Organisation des différentes balises d'un fichier XML décrivant une application.

Bien sûr, chacune de ces sections renferme plusieurs autres balises. La hiérarchie de ces balises est représentée dans la figure 3.2. Enfin, la structure globale d'une application

ARCS typique est donnée par la figure 3.3. Cette architecture est restrictive étant donné que ARCS, dans sa dernière version, supporte les applications multi-threads et que la figure illustre une application mono-thread.

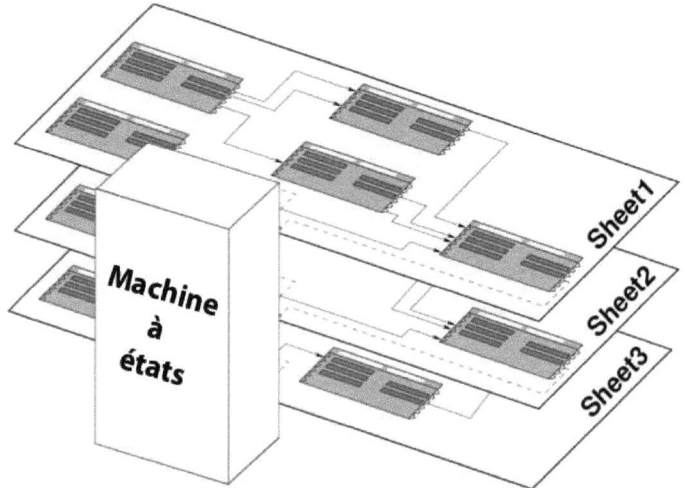

FIGURE 3.3 – Modèle d'application de ARCS (application mono-thread).

D'avantage de détails du modèle d'application sont disponibles à l'annexe B.

3.2.2 Moteur d'exécution

Afin d'exécuter une application décrite selon le modèle précédemment défini, le développeur d'application fait appel à un moteur d'exécution qui interprète la description XML et exécute l'application.

La séquence d'import et d'exécution d'une application est la suivante :

1. Chargement du fichier XML décrivant l'application,

2. Interprétation de la section libraries,

3. Interprétation de la section objects,

4. Interprétation de la section sheets,

5. Interprétation de la section statemachine,

6. Lancement de l'application.

A l'issue du chargement du fichier XML décrivant l'application, nous obtenons une structure d'arbre composée des types élémentaires utilisés par la librairie QT pour manipuler les fichiers XML. Il faut donc traduire cette structure dans des types qui reflètent le plus fidèlement possible les données que nous souhaitons exploiter. Les détails du fonctionnement du moteur d'exécution peuvent être consultés sur [Didier, 2005].

Dans sa dernière version, ARCS intègre également le concept de familles de composants permettant de définir une catégorie abstraite de composants partageant un objectif commun bien que leur implémentation soit différente (ex. Famille de moteurs de rendu regroupant un moteur basé sur *Object-Oriented Graphics Rendering Engine* (OGRE) et un autre moteur basé Open Inventor).

3.3 Conception du modèle d'intergiciel

Une fois l'objectif global de conception d'une architecture distribuée dédiée à la Réalité Augmentée identifié, il convient de se positionner dans un cadre de travail qui permette de répondre à nos besoins et d'atteindre les objectifs de performance nécessaires d'une part, et d'éviter de reproduire des modèles qui ont prouvé leur inefficacité par le passé (anti-patterns) d'autre part. Il s'agit donc de baliser un cadre de travail identifiant ce que l'on doit faire, et ce que l'on doit éviter de faire tout en tenant compte des contraintes inhérentes à notre architecture (principalement, la spécificité du domaine d'application et l'architecture de l'environnement de développement existant ARCS).

3.3.1 Objectifs fixés

Dans sa première version, ARCS n'offrait pas la possibilité de construire des applications constituées de composants distribués via un *middleware* et n'offrait aucune capacité à gérer des communications à travers le réseau. Notre environnement de développement ayant pour objectif de pouvoir prendre en charge le développement d'applications de RA conformes à l'état de l'art, il était impératif d'ajouter cette capacité à disposer de composants distribués. Comme précisé au premier chapitre, certains environnements de développement d'applications de RA utilisent des protocoles spécifiquement élaborés pour l'environnement en question tandis que d'autres se basent sur des *middlewares* génériques afin de gérer la distribution des applications. En particulier, le *middleware* CORBA est utilisé dans les environnements DWARF et MORGAN (voir chapitre I).

Pour notre système (ARCS), nous avons choisi une architecture spécifique pour deux principales raisons. La première est la préservation du paradigme propre à ARCS s'agissant du mécanisme de communication par signal/slot (concept emprunté aux bibliothèques d'interfaces graphiques et plus spécifiquement à la bibliothèque Qt sur laquelle ARCS est basé). L'émetteur du signal est un client du composant ayant un slot recevant le signal. Une autre contrainte propre à ARCS est le maintien de la synchronicité des communications signal/slot. A savoir qu'un signal ne peut être ré-émis tant que l'émetteur n'a pas eu la confirmation que le récepteur a fini d'exécuter le slot déclenché par le précédent signal.

La deuxième raison est le rôle ambivalent que nous avons choisi de donner aux composants qui peuvent être, dans notre cas, clients et services au même temps. Ce qui rend l'architecture d'une application construite avec notre environnement de développement plus facile à mettre en place, à maintenir, à déployer à grande échelle et plus flexible permettant aux différents nœuds de pouvoir opérer en tant que clients et/ou serveurs. Les deux raisons citées plus haut introduisent le besoin d'une architecture spécifique et originale.

En plus de ces deux besoins propres à ARCS, nous avons identifié une série de critères qualitatifs et quantitatifs à satisfaire. Ils sont inspirés des retours d'expérience de la communauté et de méthodologies d'évaluations diverses. Afin d'éviter une redondance de la description de ces critères et de leur origine, nous ne les détaillerons que dans la section dédiée à ces objectifs que nous avons voulu le plus génériques possibles afin de pouvoir servir à l'évaluation d'autres environnements dédiés à la RA (voir chapitre 4 section 4.3). Une méthodologie d'évaluation originale est également proposée dans ce même chapitre 4.

3.3.2 Antipatterns et modèles d'échec

3.3.2.1 Antipatterns

Afin d'éviter de commettre des erreurs conceptuelles dans l'architecture proposée. Il y a plusieurs points sur lesquels nous avons porté notre attention. Les anti-patterns que nous avons tenu à éviter sont les suivants :

3.3.2.1.1 Silo ou Cheminée (Stovepipe)

Particulièrement pertinent dans notre cas car il concerne les problèmes de passage d'architectures monolithiques à des architectures distribuées. Les architectures monolithiques impliquent notamment des flux d'échange de données entre briques logicielles de granularité fine et sans autoriser de point d'entrée de flux ou de sortie flux d'une entité externe à l'application elle-même.

Concernant le niveau de granularité, qui doit être plus gros pour des architectures distribuées, ARCS permet de gérer des composants composites (constitués de plusieurs composants atomiques) dont on maitrise les entrées / sorties via des slots / signaux respectivement. Un composant distribué doit donc pouvoir tirer profit de la capacité de composition existant pour les composants ARCS classiques. Cela permet notamment de changer de granularité sans pour autant devoir re-développer des composants déjà développés pour ARCS. C'est donc un point dont il a fallu tenir compte dans la conception du *middleware*.

3.3.2.1.2 Mode architecturale

Lors de la conception d'architectures logicielles, il est fréquent de vouloir utiliser la dernière technologie disponible en oubliant de se focaliser sur l'utilité réelle de celle-ci pour la problématique clairement identifiée pour le système à concevoir. Dans notre cas, il convient de ne pas perdre de vue les spécificités de la RA.

3.3.2.1.3 Conception / Développement en Spaghettis

La modification d'un composant ou d'une brique logicielle entraine la modification d'autres composants pour garantir le fonctionnement du système. Ce problème doit non seulement être surveillé dans la conception du système lui-même mais également penser à l'usage que fera le développeur d'application de l'environnement qui lui sera proposé et éviter qu'il ne puisse se retrouver dans pareil cas.

Dans ARCS, le concept de famille abstraite de composants est introduit en vue de garantir un prototype commun à une quantité importante de classes. La création de superclasses abstraites est réputée lutter contre les fouillis en spaghettis. De plus, la programmation orientée composants limite déjà très sensiblement ce problème étant donné que dans ARCS, tant que les interfaces signaux/slots restent les mêmes, aucune répercussion ne se fera sentir. Ce faible impact de modification sur le reste de l'architecture est du à un **couplage faible** entre les composants la constituant. Cette communication par signaux/slots doit donc être maintenue pour les applications ARCS distribuées.

3.3.2.1.4 Méli-Mélo (ou Jumble)

Il s'agit ici de confusion entre les éléments de conception verticaux et horizontaux. Les éléments dits verticaux sont ceux qui sont propres à une application donnée alors que les éléments de conception horizontaux sont communs à plusieurs applications. Le fait de ne pas établir une distinction claire entre ces éléments voire de mettre en place des éléments architecturaux transverses peut entrainer une baisse de la réutilisabilité et de la robustesse.

Une des préconisations pour éviter ce genre de confusions est de placer les éléments dits horizontaux à une couche conceptuelle supérieure en prenant soin d'y inclure toutes les fonctionnalités communes et interopérables.

D'autre part, la performance et la contrainte temps-réel étant critiques pour des applications de RA, il faut également éviter de forcer la mise en facteur au détriment de la performance des éléments verticaux et des optimisations qui peuvent être spécifiques. Un compromis entre les éléments verticaux et horizontaux doit être privilégié selon la famille de composants et le degré de spécificité potentiel des implémentations.

Dans ARCS, en plus de la capacité d'abstraction offerte par les familles de composants, nous nous efforcerons de séparer les couches architecturales pour les développeurs applications distribuées.

3.3.2.2 Modèles d'échecs

Les modèles d'échecs (*failure models*) pris en compte lors de la conception du *middleware* sont nombreux. Le *middleware* les permets sans les mettre en place de façon automatique pour toutes les applications. Le développeur d'application aura le choix de les mettre en œuvre ou non :
– *Fail stop* : Un processus distant plante et reste suspendu ;
 diagnostic : profitant de la nature synchrone de ARCS, nous pouvons envoyer des requêtes dites "tic-toc" toutes X unités de temps afin de vérifier la réponse du composant distant et qu'il n'y a aucun échec ; Ce détecteur d'échec est appelé Ping-ACK. D'autres détecteurs existent. Notamment le Heartbeat protocol qui suppose que le composant distant envoie régulièrement (à une fréquence fixe) un entier incrémenté, si le délai associé à la fréquence précédente est passé sans que la réception du pouls ne soit effective, le processus est déclaré en échec.
 Réaction : réinitialiser la feuille active distante et tous ses composants.
– Omission d'envoi : le composant envoyant un message exécute les instructions nécessaires à l'écriture du message dans le buffer mais celui-ci ne se retrouve pas dans le buffer d'envoi ;
 diagnostic : vérification du buffer.
 Réaction : réécriture du message dans le buffer.
– Omission de réception : le composant destinataire du message exécute les instructions nécessaires à la lecture du message dans le buffer mais celui-ci ne se retrouve pas dans le buffer de réception ;
 diagnostic : vider le buffer entre chaque message, vérification du contenu du buffer (doit être non vide).

Réaction : Relecture du message dans le buffer. Si l'impossibilité de recevoir le message est due à une écoute sur le mauvais port par exemple, il est impossible pour le *middleware* d'identifier l'origine de l'erreur. L'application notifie cette erreur.

- Omission intervenant sur le lien de connexion : Contrairement aux précédents, cet échec est du au lien et non pas aux nœuds du réseaux et aux processus qui s'y exécutent. un message est perdu entre l'émetteur et le récepteur ;
diagnostic : délai d'attente dépassé ;
Réaction : renvoi de la requête si l'omission a lieu à l'envoi, renvoi de la réponse si la réponse du serveur est perdue. Cela implique qu'un temps de timeout est associé aux deux opérations. Un temps relativement long est défini par défaut (60 secondes).

3.3.3 Middleware de ARCS

En gardant en tête les différents objectifs précédemment énumérés, une extension de ARCS [Chouiten *et al.*, 2011] [Didier *et al.*, 2012] permettant la distribution de composants est proposée et mise en place. L'architecture distribuée retenue permet de lier des composants distants de façon transparente (ie. un composant communique avec un autre au niveau applicatif et ne tient pas explicitement compte du nœud de déploiement de son interlocuteur). L'idée principale est qu'un composant intermédiaire est généré si un composant est supposé (intention exprimée dans la description XML de l'application) se connecter à un autre composant distant. Ces composants intermédiaires, construits selon le design pattern proxy, doivent stocker, entre autres données, toutes les données de connections nécessaires à la communication (adresses IP, port de communication réseau...).

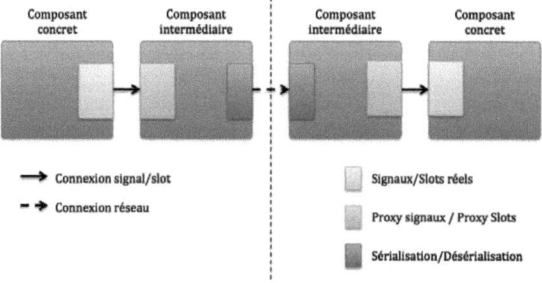

FIGURE 3.4 – Principe de base du middleware de ARCS.

La gestion des connexions réseaux et la sérialisation/désérialisation de paramètres s'effectue au sein des composants intermédiaires. Les composants concrets doivent communiquer sans référence explicite à ces composants intermédiaires. C'est la notion de transparence associée à la plupart des *middlewares*.

Dans la description d'une feuille, si un composant A a besoin de se connecter à un composant B à travers le réseau, le composant A est en fait connecté (au sens signal/slot) à un composant intermédiaire sur la machine locale où il est déployé (voir la figure 3.4 ainsi que 3.5 et 3.6).

Un slot proxy est créé pour chaque connexion d'un signal de ce composant avec un slot d'un composant distant. Un signal proxy est également instancié du côté du composant B pour recevoir les signaux distants entrants et les propager localement. Chaque composant distant (désignés par composant réseau dans les figures 3.5 et 3.6) est considéré comme un service. Il est attaché à un composant spécifique : le configurateur réseau (le composant intermédiaire décrit plus haut) qui se charge d'instancier les différents slots proxys et signaux proxys.

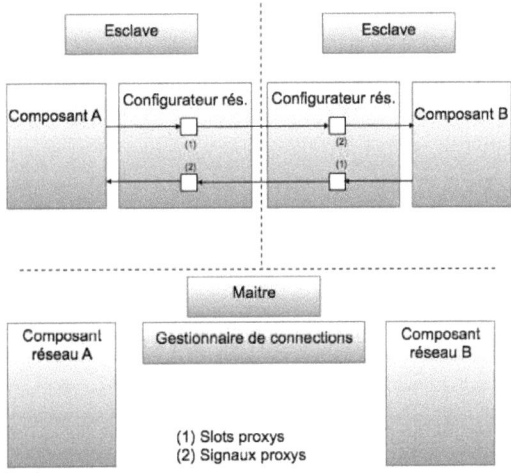

FIGURE 3.5 – Middleware ARCS : Connection Esclave - Esclave.

Un composant distant peut être client ou serveur (il peut être les deux). Le configurateur réseau reçoit sur le composant signaux proxys tous les signaux destinés à ses composants locaux. Il dé-sérialise les paramètres envoyés et les transmets aux destinataires réels.

Ici, nous abordons la problématique de la dé-sérialisation car une fois les connections entre les composants et les configurateurs réseaux sont créées ; nous avons besoin d'envoyer les données (paramètres de signaux) à travers le réseau. En conséquence, les mécanismes de sérialisation/dé-sérialisation (aussi appelés *marshalling/unmarshalling*) sont mis en place au sein des slots proxys et des signaux proxys.

Un gestionnaire de connections (composant central) liste toutes les connections entre les différents composants. Il est utilisé pour mettre en place le nouveau flux de données et activer les différentes connections selon la description de la feuille ARCS active. En cas de changement de feuille active, c'est le gestionnaire de connections qui a connaissance du nouveau réseau de connexions. Étant donné que toutes les machines peuvent être clientes et/ou serveurs, afin d'éviter toute confusion, la machine hôte du gestionnaire de connections est appelée "Maitre". Les autres autres terminaux sont appelés "esclaves". Durant le transfert de données, une fois que toutes les connections sont établies, les composants sur les machines esclaves communiquent sans passer par le *maitre* comme illustré à la figure 3.5. En effet, le gestionnaire de connections est uniquement un annuaire des

CHAPITRE 3. PROPOSITION DE MODÈLES D'ARCHITECTURES DISTRIBUÉES POUR LA RÉALITÉ AUGMENTÉE

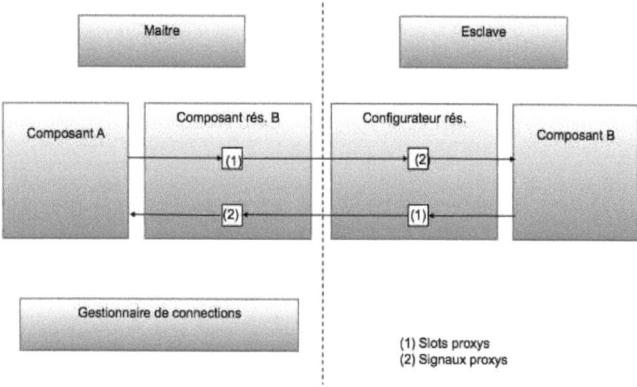

FIGURE 3.6 – Middleware ARCS : Connection Maitre - Esclave.

connections existantes. Les composants peuvent communiquer dans les deux directions et sans tenir compte de la localisation du composant distant (communication transparente).

La figure 3.6 montre une communication Maitre - Esclave. Le composant A est un composant local pour le maitre et il est supposé être connecté (au sens signal/slot) au composant B sur la machine esclave. Ce besoin est bien entendu spécifié dans la description XML de l'application. La description XML spécifie les noms des composants à connecter et les noms des signaux/slots correspondants à connecter.

Afin de mieux visualiser la mise en place d'une application ARCS utilisant le *middleware*, nous présentons un exemple de description XML pour une application utilisant le *middleware* côté client et service (voir figures 3.7 et 3.8). Cet exemple représente une boucle lancée côté serveur et affichée côté client. La boucle est simplement créée et son interface associée à un configurateur réseau tandis que le client se contente de se connecter au service de la boucle et d'afficher les données récupérées.

Quand une application est lancée à travers le moteur d'exécution de ARCS, le composant réseau correspondant au composant B est créé du côté du Maitre et le configurateur réseau auquel il est attaché est instancié du côté esclave.

Ainsi, pour chaque connexion signal/slot, un slot proxy et un signal proxy sont créés dans le composant réseau d'un côté et dans le configurateur réseau de l'autre côté. Comme décrit dans ce chapitre (et comme implémenté), l'architecture retenue répond aux deux premiers besoins propres à ARCS. A savoir, la conservation du concept de composant et le paradigme de communication signal/slot et offre la possibilité de disposer de composants pouvant être clients et/ou services.

La référence à un objet distant est unique et sémantiquement parlante étant donné le système de nommage emprunté aux *Uniform Resource Location* (URL). Le racine du nom d'une référence à un objet distant prend la forme suivante :

```
arcs://hote-du-composant-distant:port/
```

```xml
<application mode="event">
    <context>
        <libraries>
<library path="../../sample/sample"/>
<library path="../../network/network"/>
        </libraries>
        <components>
            <component id="n" type="Network">arcs://localhost:2030</component>
            <component id="d" type="DisplayInt"></component>
            <component id="s" type="StateMachine">
            <statemachine>
             <first name="start"/>
                <last name="end"/>
                <transitions>
                 <transition source="start" token="end" destination="end"/>
                </transitions>
            </statemachine>
            </component>
    </components>
    <constants>
        <constant id="iterations" type="int">5</constant>
</constants>
    </context>

<processes>
<process controller="s">
<sheet id="start">
    <connections>
<link source="n" signal="newIteration(int)" destination="d" slot="display(int)"/>
    </connections>
    <postconnections>
<invoke destination="n" slot="setIterations(int)"
       type="constant">iterations</invoke>
<invoke destination="s" slot="setToken(QString)"
        type="string">end</invoke>
    </postconnections>
        </sheet>
        <sheet id="end"/>
    </process>
</processes>

</application>
```

FIGURE 3.7 – Exemple de description XML d'un client utilisant le middleware de ARCS

```xml
<application mode="event">
    <context>
        <libraries>
            <library path="../../sample/sample"/>
            <library path="../../network/network"/>
        </libraries>
        <components>
            <component id="l" type="Loop"></component>
            <component id="n" type="ARCSNetworkConfigurator"></component>
            <component id="s" type="StateMachine">
                <statemachine>
                    <first name="start"/>
                    <last name="end"/>
                    <transitions>
                        <transition source="start" token="end" destination="end"/>
                    </transitions>
                </statemachine>
            </component>
        </components>
    </context>

<processes>
<process controller="s">
<sheet id="start">
<preconnections>
<invoke destination="n" slot="setPort(int)" type="int">2030</invoke>
<invoke destination="n" slot="setInterface(QString)" type="string">l</invoke>
</preconnections>
    </sheet>
    <sheet id="end"/>
</process>
</processes>

</application>
```

FIGURE 3.8 – Exemple de description XML d'un service utilisant le middleware de ARCS

3.3.4 Détails du protocole de communication du middleware

La distribution sous ARCS tient du peer-to-peer. Il existe un composant maître qui maintient la liste des communications entre les différents services et le client. Il est à noter qu'à cause de la structure en peer-to-peer, les services incorporent également un client.

Il y a trois types de connections qui peuvent se produire :
- Maître/signal à esclave/slot (sens maître – esclave) ;
- Esclave/signal à maître/slot (sens esclave – maître) ;
- Esclave/signal à Esclave/slot (sens esclave – esclave) ;

Maître/signal à maître/slot n'a évidemment pas de sens puisqu'une connexion directe est effectuée, sans passer par un protocole réseau quelconque. Le Maitre étant toujours unique alors que plusieurs esclaves peuvent coexister.

Les détails des différentes trames échangées par le maitres et les esclaves, leur ordonnancement ainsi que leur classification par type de communication sont présentées plus en détails à l'annexe A.

Le *middleware* a été testé et fonctionne sur nombre de preuves de faisabilité. Plusieurs programmes tests ont été basés sur ce *middleware* et fournissent des résultats concluants. En particulier, une application de reconstruction 3D présentée au chapitre 5. Au delà des preuves de faisabilité, une évaluation plus formelle est présentée au chapitre 4.

3.3.5 Outils pour les développeurs d'application basées sur l'intergiciel

Afin d'offrir au développeur une vision globale de son application, nous avons également développé un outil nommé *ARCS Distributed Architecture Viewer* (capture d'écran à la figure 3.9) permettant de lire une description d'application distribuée incluant plusieurs fichiers de description de configuration de composants. Ces fichiers sont ceux qui seront déployés sur différents nœuds du réseau. L'outil construit ensuite l'architecture finale de l'application en classant les composants par site de déploiement, en associant un code couleur à chaque type de composant et en offrant une vue permettant aussi bien de voir l'application dans sa globalité que de visualiser le détail des connexions entre les différents composants (afin de savoir quel signal de quel composant est connecté à quel slot de quel composant et sur quel nœud du réseau).

De plus, principalement pour des raisons de débogage, nous avons également développé un outil permettant de suivre l'exécution de l'application en affichant les différents retours du moteur d'exécution et en donnant la possibilité de visualiser et d'éditer une table des différents paramètres et constantes de l'application (constantes décrites dans le fichier profil et pouvant être modifiée directement via cette interface avant de lancer l'application).

Bien que la prise en charge de composants distribués via le *middleware* permette déjà de disposer d'applications collaboratives et de partager les ressources de traitement en utilisant un protocole léger (non verbeux), les limites des *middlewares* basés composants détaillées au chapitre 2 se font sentir. Notamment sur des aspects d'interopérabilité avec des services existants ou avec d'éventuelles applications clientes intéressées par les services ARCS, sur le support de formats standardisés et sur le passage de pare-feux. Pour palier à ces problématiques, nous mettons en place la prise en charge des web services détaillées à la section suivante.

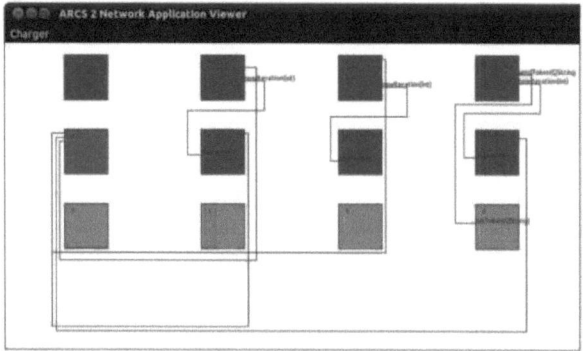

FIGURE 3.9 – Visionneur d'applications distribuées ARCS.

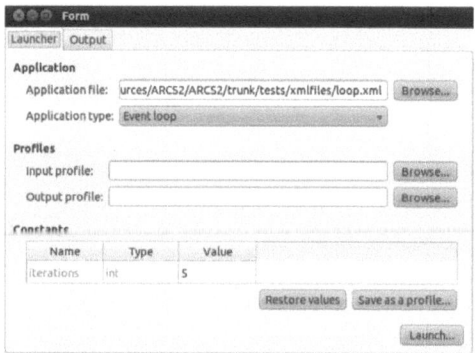

FIGURE 3.10 – Lanceur d'applications ARCS.

3.4 Gestion des webservices

3.4.1 Modèle de webservices

Bien que le *middleware* précédemment décrit offre de hautes performances pour les applications ARCS, il permet uniquement de distribuer des composants ARCS et ne permet pas de rendre l'EDI interopérable avec des applications indépendantes de ARCS et communiquant via d'autres protocoles (y compris des protocoles standards). C'est un frein non négligeable pour l'interopérabilité des applications ARCS. C'est pour palier à cette insuffisance que le *framework* a été étendu. Cette section présente l'extension de ARCS permettant d'offrir des composants se comportant comme des services ainsi que la possibilité d'interroger des web services externes de manière transparente.

Cela implique que le développeur d'application peut déployer, en local, des composants virtuels qui offrent toutes les fonctionnalités des composants distants. Le développeur peut alors utiliser ces composants locaux sans se soucier des connexions, des communications à travers le réseau et des mécanismes de sérialisation et désérialisation associés.

Ces problématiques sont toutes gérées par les composants virtuels localement déployés. D'autre part, l'objectif est également d'être capable de générer dynamiquement des services basés sur les composants ARCS et offrant les fonctionnalités de composants ARCS à des applications externes. Cette génération se fera en réponse à des requêtes distantes sollicitant un certain composant voire un service composite constitué de plusieurs composants atomiques. Ainsi il est possible de créer des applications composites mélangeant du code de composants ARCS avec des applications hétérogènes.

3.4.2 Conception de l'architecture orientée services

3.4.2.1 Application ARCS cliente

Dans l'utilisation des services externes, l'architecture de ARCS sépare la sérialisation / désérialisation d'objets et de messages de la transmission via le réseau à proprement parler. Cette décision de séparer les différentes couches découle notamment des anti-patterns précédemment identifiés (3.3.2.1). C'est pourquoi les composants ARCS interrogeant des services externes peuvent lire n'importe quels messages structurés dans des formats de données standards et les convertir en composants Qt (bibliothèque sur laquelle ARCS est basé) opérationnel si le message contient la description d'un composant ou simplement convertir les données en variables typées si le contenu du message s'y limite. Il est également possible de transférer des données binaires directement (ex. téléchargement de fichiers).

Dans l'autre sens, l'EDI offre la possibilité de convertir des composants Qt (y compris des composants ARCS) en messages structurés. Actuellement, les formats de messages supportés par ARCS tant en sérialisation qu'en désérialisation sont XML et *JavaScript Object Notation* (JSON). Cette couche étant séparée de la transmission, il est possible d'ajouter des générateurs de messages (*serializers*) et des analyseurs (*parsers*) sans avoir à modifier la couche de transmission basée sur HTTP.

Enfin, pour accéder aux services externes, nous avons développé un générateur d'URL semi-automatique et un composant réutilisable permettant de gérer l'authentification et l'accès au services distants protégés. Les fonctionnalités ont notamment été testées sur des web services très utilisés tels que *Google Street View API* et *Google Maps API*.

La figure 3.14 montre comment une application ARCS peut être cliente d'un service distant. Le développeur d'application doit simplement connaitre les paramètres à fournir au service et les sorties (résultats retournés) du service en question. Il peut être alors intégré directement dans le flux de traitement de l'application comme si c'était un composant local. Cette intégration en boite noire, caractéristique des architectures faiblement couplées, offre un réel avantage pour la réutilisabilité et la robustesse. Certains services fortement utilisés sont déjà intégrées dans les bibliothèques de composants de ARCS. Si l'accès à un service distant est déjà géré par une bibliothèque ARCS existante, aucune référence au réseau n'est requise. L'URL est générée automatiquement et les paramètres d'authentification sont une partie des paramètres pris par un slot du composant. A l'inverse, s'il n'y a pas de composant ARCS gérant un service donné, l'exploitation de ce service demandera au développeur d'application une spécification explicite dans la description XML de l'application qu'un web service est utilisé via un composant générique dédié appelé ARCSServiceClient à travers lequel il est possible de fournir tous les paramètres requis pour l'accès au web service distant (y compris l'url, le type de service...). Des exemples d'applications clientes de web services externes sont décrits au chapitre 5.

CHAPITRE 3. PROPOSITION DE MODÈLES D'ARCHITECTURES DISTRIBUÉES POUR
LA RÉALITÉ AUGMENTÉE

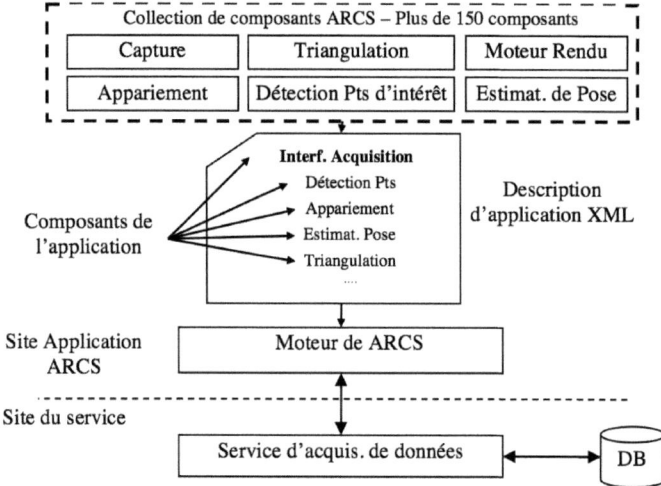

FIGURE 3.11 – Exemple d'application ARCS cliente d'un service d'acquisition de données.

3.4.2.2 ARCS en tant que Service

Le moteur de ARCS est seulement capable d'exécuter des applications qui sont décrites dans des fichiers XML. Les services ARCS qui sont accédés à partir d'applications distantes ont besoin d'être décrits comme des applications ARCS quelconques mais en comprenant un composant particulier servant à s'interfacer avec les clients de l'application visant notamment à gérer les connexions réseau, la sérialisation / désérialisation et l'interprétation des requêtes reçues.

Sans avoir spécialement cherché à respecter les spécifications de SOAP, le fonctionnement est très similaire à celui-ci. Un serveur HTTP est mis en place et traite les requêtes des clients formulées en XML ou en JSON. Les réponses sont formatées selon le même standard que celui utilisé par le client. Pour les échanges de données atomiques, celles-ci sont envoyées telles quelles dans une balise associée au nom du paramètre de retour attendu. Si la réponse attendue est un objet ou une structure de données, le module de sérialisation/désérialsiation les prend en charge. Il faut noter que les objets qui sont échangés ne peuvent pas être des composants ARCS en tant que tels étant donné la nécessité de régénérer toutes les connexions de la feuille si le workflow est modifié. Ce sont cependant des objets Qt disposant des capacités de communications signal / slot facilement utilisables par le client qu'il soit une application ARCS ou non. Pour la diffusion (*streaming*) de flux vidéos, il n'est évidemment pas envisageable que le client fasse des requêtes en permanence pour recevoir les frames capturées. Nous passons par un protocole externe et l'URL d'accès à la ressource est transmise dans un des champs de la réponse XML ou JSON. Dans plusieurs applications (voir chapitre 5), nous avons utilisé le serveur de diffusion proposé par *VideoLAN Client media player* issu du projet VideoLAN (VLC) et avons opté pour le format Ogg qui un standard ouvert (*open-source friendly*) et non revendiqué par quelque brevet connu. Ogg est basé sur trois technologies : un conteneur (Ogg), un codec vidéo (Theora) et un codec audio (Vorbis). D'autres protocoles sont supportés mais ceux cités précédemment sont les plus populaires lors de l'utilisation de conteneurs Ogg.

Suite à cette extension, nous avons abordé une réflexion plus large nous amenant à imaginer un serveur de services ARCS générés à la volée. L'idée est qu'un client connaissant les interfaces de plusieurs composants ARCS disponibles puisse composer son propre workflow et envoyer la description du service demander à un serveur de services qui se chargerait de générer le service demandé et de renvoyer l'interface au client qui pourrait ainsi l'exploiter.

3.4.2.3 Serveur de services

L'architecture de ARCS en tant que serveur de services est données par la figure 3.12. les services de RA étant générés sur demande, un outil de génération de services doit recevoir la description du service demandé et doit générer la description ARCS complète incluant le workflow demandé et les composants nécessaires à la communication à travers le réseau. Le service est ensuite lancé comme une application autonome par le moteur de ARCS.

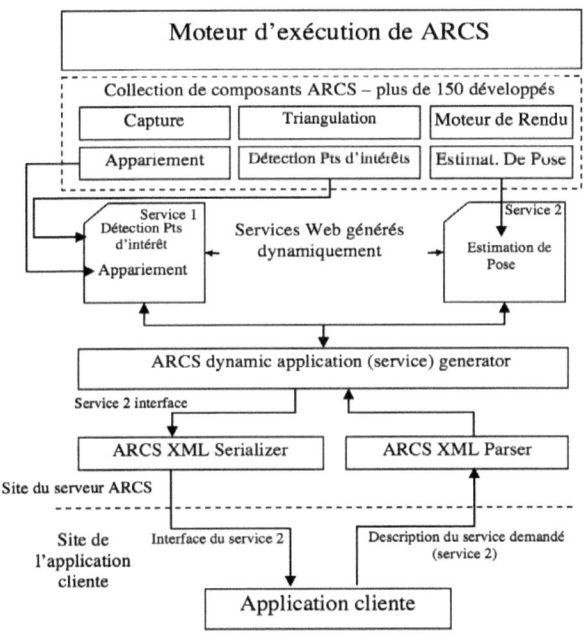

FIGURE 3.12 – Vue conceptuelle du fonctionnement de ARCS en tant que serveur de services.

Un point important est de distinguer les données qui sont envoyées pour décrire le web service, structuré en XML et pris en charge par le générateur de services et les données envoyées au service lui-même après sa génération. Le service peut attendre des données exprimées en JSON ou en XML. Quand le service est généré, il peut être utilisé par le client directement sans intermédiaire. Un exemple de ce que peut être une application externe faisant intervenir des services ARCS est présenté dans la figure 3.13. Les étapes de déroulement de cet exemple sont :

1. La description du service est envoyée en premier lieu par le client au générateur de services ;
2. le service est généré par le générateur et exécuté par le moteur ;
3. La confirmation et l'interface du service sont envoyées au client qui peut relier l'interface du service avec son workflow local et construire ainsi l'application composite ;
4. La désérialisaton des description des services est gérée par le générateur de services mais la sérialisation/désérialisation des données échangées directement entre le client et le service est gérée par ces deux entités sans intermédiaire.

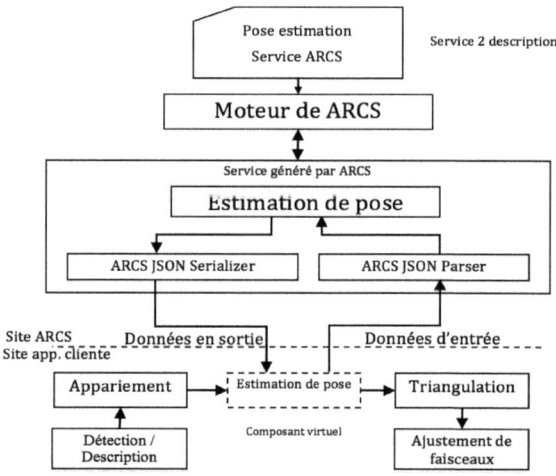

FIGURE 3.13 – Exemple d'application externe cliente d'un service ARCS généré à la volée.

Il faut tout de même noter que le générateur de services ARCS est à un stade conceptuel et que sa mise en place doit se faire dans le cadre d'une réflexion plus approfondie sur le moteur d'exécution de ARCS.

3.4.3 Outils

Un éditeur graphique a été mis en place pour permettre aux développeurs d'applications de construire toute l'architecture de leur application en n'ayant à saisir aucune ligne de code. Non seulement cette interface permet de construire des applications en tant que services ou utilisant des services externes, mais elle permet également de ne pas se perdre dans dans descriptions XML d'applications qui deviennent de plus en plus lourdes et illisibles par l'homme au fur et à mesure que le nombre de composants utilisés augmente et que le workflow associé également en conséquence.

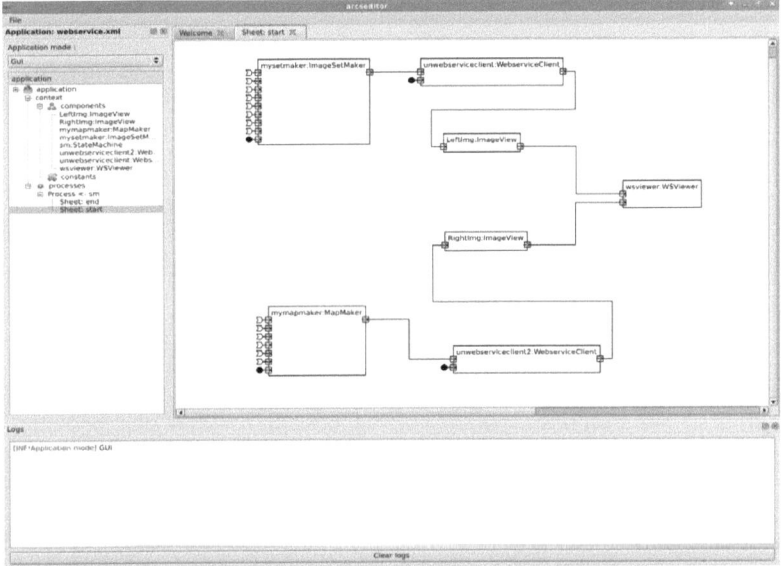

FIGURE 3.14 – Capture d'écran de l'outil d'édition d'applications dédié à ARCS.

3.5 Conclusion

Dans ce chapitre, nous avons en premier lieu amorcé une discussion sur l'utilité de modes de distributions basés composants natifs d'une part et orienté services d'autre part. Ayant identifié l'utilité de chacun de ces modes de distribution, nous avons décidé d'intégrer leur gestion par notre environnement logiciel.

Nous avons présenté la conception d'un *middleware* dédié à ARCS répondant à des critères clairement identifiés, qu'ils soient liés à la nature de l'existant ou aux objectifs de fonctionnalités fixés préalablement, avant la conception à proprement parler. Les détails du protocole de communication haut niveau sont également précisés. Sont également pris en considération la complexité et les spécificités liées spécifiquement à la RA (hétérogénéité des composants, besoin de légèreté du *middleware*...). Enfin, une attention particulière a été consacrée à la simplification du développement pour le confort du concepteur d'applications ARCS (transparence, réutilisabilité...). Nous avons également présenté, en marge du *middleware* lui-même, les outils conçus pour le développeur d'application lui permettant de mieux visualiser et de mieux déboguer ses applications.

Faisant suite à la discussion entamée en début de chapitre et parallèlement au *middleware*. Une réflexion a été engagée afin de proposer la gestion des web services au sein de ARCS. Celle-ci a débouché sur une proposition d'architecture permettant aux applications ARCS d'interroger des web services et d'être elles mêmes des services pour des applications externes. Enfin, l'idée est poussée jusqu'à la création d'un générateur automatique de services à la demande. La mise en place de celle-ci fera partie des perspectives de cette thèse. Le résultat final obtenu aujourd'hui est un environnement logiciel permettant de créer des applications de RA composites constituées aussi bien de composants ARCS que de briques logicielles hétérogènes communiquant via des protocoles standards et échangeant des messages dans un ou plusieurs formats standards (JSON, XML...).

Afin de toucher du doigt les limites de notre solution, nous avons introduit une méthodologie originale d'évaluation basée sur l'état de l'art en matière d'évaluation d'architectures logicielles distribuées et prenant en compte la spécificité du domaine de la RA. Cette méthodologie et son application à ARCS sont décrites au chapitre suivant.

Chapitre 4

Evaluation

4.1 Nécessité d'une méthodologie dédiée

Lors des précédents chapitres, nous avons introduit le fonctionnement de ARCS et son extension afin de permettre le prototypage rapide d'architectures distribuées transparentes ainsi que les outils proposés aux développeurs d'applications pour les assister dans leur tâche. Ce chapitre présente l'évaluation de l'architecture proposée et décrite précédemment. Comme point de départ à cette évaluation, et partant du constat de l'absence de méthodologie, voire même de technique, d'évaluation prenant en compte les spécificités de systèmes aussi complexes que ceux de la RA, j'ai proposé une méthodologie originale visant à évaluer les performances des architectures dédiées aux systèmes de réalité augmentée distribuée. La méthodologie comprend en premier lieu une liste de critères de performance déterminant la qualité d'une expérience de Réalité Augmentée.

Il s'agit dans cette première étape de fixer un cadre de travail et donc d'identifier des critères qualitatifs et des métriques quantitatives sans pour autant décider de la valeur minimale requises pour valider les performances d'une architecture. Ce choix est notamment dû aux fait que les critères ne sont pas fixes selon la nature des applications d'une part, et que dans certains cas, les possibilités offertes par les algorithmes existants et le matériel disponible ne peuvent pas permettre une exécution de l'application dans des conditions idéales. Il faudra donc accorder un compromis en ajustant les différents critères. Pour être capable de maintenir et surtout d'évaluer l'architecture de notre environnement de développement de manière fiable, la méthodologie est élaborée en mettant à profit des travaux de recherche antérieurs visant à identifier des patrons de conception [MacWilliams et al., 2004] pour la RA inspirés de retours d'expérience et auxquels différents créateurs d'environnements pour la RA ont contribué. La méthodologie s'inspire également dans les grandes lignes d'une méthodologie générique d'évaluation d'architectures logicielles appelée SPE (Software Performance Engineering) qui prend notamment en compte l'aspect distribué des applications.

Bien que l'objectif soit de disposer d'une méthodologie générique, certaines caractéristiques valuées seront avancées à titre indicatif (types et volumes de données, temps de calcul des algorithmes, bande passante...). Elles correspondent aux caractéristiques attendues pour des applications de RA et de vision par ordinateur correspondant à l'état de l'art à ce jour. Les objectifs de la méthodologie sont multiples. Le premier est de simplement de savoir, a priori, si un environnement de prototypage pourra supporter les performances requises pour une application donnée et d'évaluer les performances du résultat final (résolution maximale, fréquence de rafraichissement...). Elle fournit donc suffisamment de retours pour décider sous quel environnement il est préférable de développer une application donnée si le choix était laissé. En second, partant d'un environnement déterminé, déterminer quelle architecture (disposition des composants à travers le réseau) permettrait les meilleures performances. Enfin, elle peut également servir le long du processus de conception et de mise à jour ou d'extension de l'environnement de développement lui-même selon l'orientation et l'éventuelle spécialisation qui serait voulue pour celui-ci.

Une fois que les différents critères sont listés, le déroulement de la méthodologie à proprement parler peut être entamé. Il s'agira dans un premier temps d'identifier les composants abstraits qui constituent une application de RA typique construite au sein de l'environnement de développement à évaluer. L'étape suivante consistera à vérifier les critères qualitatifs qui doivent être satisfaits par l'ED. Ensuite, pour les critères quantitatifs, on doit identifier les scenarios de distribution les plus probables. Ce qui revient à identifier quels composants pourront être distants et quelles seront les communications entre les différents composants distribués. Ces scénarios varient forcément selon les applications, nous donnons donc ici un cadre général de travail.

Selon les applications cibles de l'environnement de développement et selon le protocole de communication, la performance de l'environnement sera différente. Ces résultats de performance doivent alors être comparés aux objectifs de référence préalablement établis. Certaines données typiques sont fournies ici pour les meilleurs cas et pire cas d'objectifs de performance. La dernière étape consiste à modéliser le comportement du système tout entier (en prenant en compte le contexte dans lequel il s'exécute), et de comparer les résultats obtenus avec les objectifs et d'entreprendre les actions requises si ces résultats ne sont pas satisfaisants. Cette dernière étape est celle qui fournit les résultats spécifiques pour un ED donné permettant ainsi de les comparer aux objectifs et de permet de quantifier les bornes supérieures et inférieures des paramètres de composants constituant l'application et les conditions limites liées aux facteurs extérieurs.

4.2 Architecture de référence

[MacWilliams *et al.*, 2004] a construit une architecture générique pour les applications de RA (figure 4.1). Elle a pour objectif de décomposer n'importe quel système de RA en six sous systèmes principaux (application, interaction, présentation, modèle monde, contexte et tracking). Mettant à profit les expériences réussies de conception de systèmes de RA, des patrons de conception réutilisables ont été identifiés et décrits. La sélection a été effectuée sur la base des objectifs de conception ainsi que l'indépendance fonctionnelle des patrons de conceptions. Plusieurs d'entre eux ont été élaborés pour chaque sous système et l'ensemble a été regroupé en un catalogue de patrons de conception dédiés à la RA.

Pour un système donné, il doit être possible de traduire les composants abstraits de cet environnement vers leurs concepts correspondants dans l'architecture de référence et ainsi obtenir une architecture générique d'une application typique construite avec l'environnement étudié. La figure 4.2 illustre le résultat de cette traduction pour ARCS.

Les composants ARCS pouvant remplir les fonctionnalités associées à chaque éléments de l'architecture générique sont nombreux. Ainsi, pour le rendu par exemple, plusieurs composants peuvent jouer ce rôle selon la technologie désirée. Il s'agit donc là de fa-

CHAPITRE 4. EVALUATION

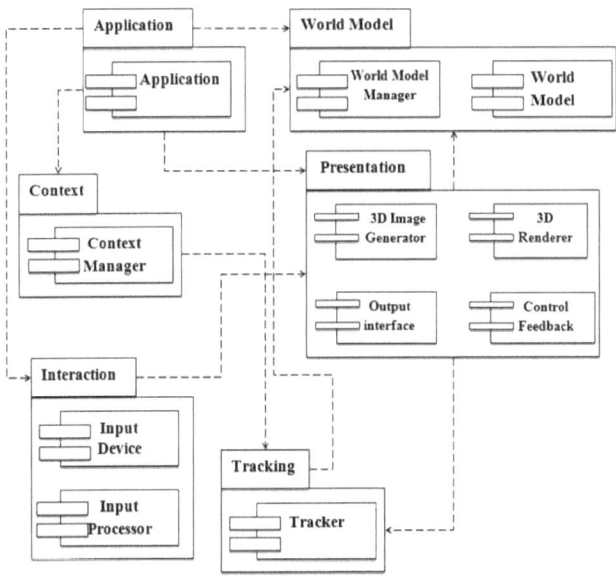

FIGURE 4.1 – Architecture générique de référence pour la RA (MacWilliams).

milles de composants qui se concrétisent dans une application donnée par un composant bien déterminé.

4.3 Objectifs d'une architecture distribuée dédiée à la RA

Avant toute évaluation d'un environnement logiciel dédié à la RA, nous devons définir des référentiels que nous opposerons aux résultats obtenus. Ces objectifs qui doivent être gardés en tête lors de la conception du système regroupent des buts à atteindre et les contraintes qui peuvent être classées sous trois catégories :

4.3.1 Contraintes spécifiques à l'environnement de développement

Ces contraintes peuvent être des choix conceptuels de l'EL tels que la définition du paradigme applicatif, des composants et les communications entre composants (synchrone, asynchrone, synchrone différée). Ces contraintes incluent également des contraintes techniques pures telles que le(s) langage(s) de programmation supporté(s) par l'environnement et les protocoles de communication réseau mis en œuvre en son sein.

Dans ARCS, ces contraintes sont celles imposées par les choix conceptuels et techniques du premier environnement développé. A savoir, la contrainte de synchronicité dans les communications signal/slot (un signal ne peut être ré-émis tant que la notification de la réception du précédent signal émis de même type n'est pas parvenue) d'une part ainsi que le respect de la contrainte imposant un rôle ambivalent des composants distribués

CHAPITRE 4. EVALUATION

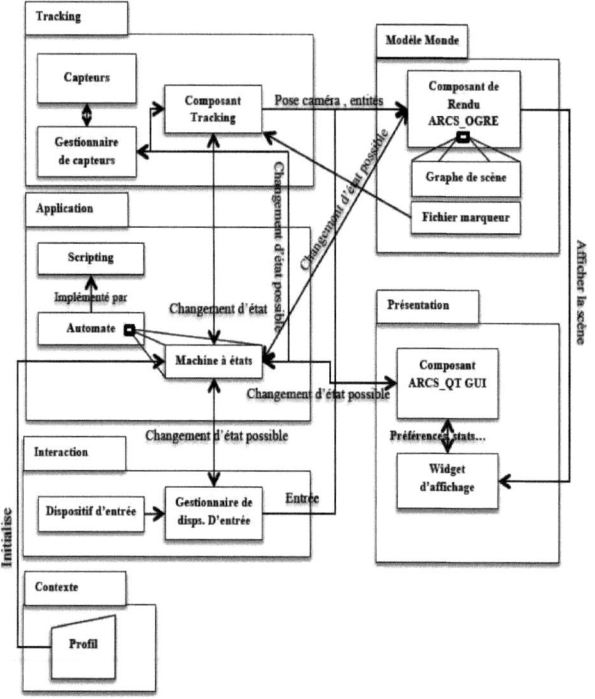

FIGURE 4.2 – Architecture générique pour les applications ARCS.

pouvant à la fois être clients et serveurs. Cette deuxième contrainte relève plus du choix que de la contrainte étant donné que nous nous sommes auto-imposés cet objectif sans que l'existant ne nous l'impose.

En outre, il y a bien entendu toutes les contraintes liées aux choix techniques. Les composants distribués ARCS sont écrits en C++ et héritent tous de classes abstraites de ARCS.

4.3.2 Critères qualitatifs non quantifiables

Ces critères sont partiellement inspirés des critères d'évaluation d'intergiciels de l'état de l'art pas nécessairement dédiés à la Réalité Augmentée. D'autres sont inspirés de critères de *middlewares* dédiés à la RA, dont ceux présentés au chapitre I ainsi que d'autres travaux se focalisant précisément sur les intergiciels [Tokunaga et al., 2003]. Enfin, les derniers critères découlent directement de la convergence numérique et des applications attendues pour un environnement de développement dédié aux applications de RA modernes. Le résultat est un ensemble de critères pouvant servir à évaluer n'importe quel ED de RA, bien que l'objectif initial soit d'évaluer ARCS.

76   4.3. OBJECTIFS D'UNE ARCHITECTURE DISTRIBUÉE DÉDIÉE À LA RA

4.3.2.1 Rôle ambivalent des composants distribués

La capacité d'un ED de RA à construire des composants pouvant être à la fois client et serveur et donc de disposer d'applications pouvant être aussi bien centralisées que décentralisées n'est pas nécessaire pour n'importe quelle application. Cependant, cette capacité permet de concevoir des applications plus facilement, avec un périmètre de fonctionnalités plus étendu, une architecture plus scalable et plus flexible étant donné qu'elle peut également fonctionner en client/serveur.

Comme évoqué précédemment et comme décrit dans le chapitre 3, les composants de ARCS peuvent avoir ce double rôle.

4.3.2.2 Haut niveau d'abstraction

Cela consiste en la définition d'une interface abstraite pour un objectif spécifique sans avoir à connaître les détails des classes concrètes. Cela permet différentes solutions pour une tâche spécifique et laisse la liberté au développeur de sélectionner la solution la plus appropriée selon son application. Cela permet également d'utiliser des bibliothèques externes sans avoir à changer l'interface des classes de l'application à chaque nouvelle version de la bibliothèque utilisée.

Dans ARCS, la notion de familles de composants a été introduite en parallèle avec l'extension visant à supporter la distribution de composants. Il en découle que les composants distribués héritent tous des caractéristiques et méthodes de cette famille. Cela permet, entre autres, une reconfigurabilité facilitée et une facilité d'extension à d'autres protocoles (qu'ils soient bas niveau ou des surcouches).

Le concept de famille de composants ainsi que ses implications sont détaillés dans l'annexe B.

4.3.2.3 Transparence et sensibilité au contexte

Comme tout intergiciel, un intergiciel dédié à la RA devrait faire en sorte que la distribution soit transparente au développeur d'applications. La notion de transparence implique que les connexions ainsi que les sérialisations/désérialisations de données n'ont pas à être gérées explicitement par le développeur. Cependant, cela n'implique pas que l'intergiciel prenne tout en charge de façon figée pour toutes les applications. En effet, une certaine paramétrabilité peut s'avérer utile pour que le développeur puisse tenir compte des spécificités de son application et de faire en sorte qu'elle puisse s'adapter aux différents contextes et scénarios auxquels elle peut être confrontée.

Dans ARCS, les différentes connexions réseau ainsi que les sérialisations/désérialisations se font automatiquement dans les composants intermédiaires. Le développeur d'application ne s'occupe donc pas de ces tâches. De plus, les différentes connexions à établir sont référencées dans le gestionnaire de connexions qui se charge de réinitialiser les connexions en cas de changement de feuille.

4.3.2.4 Convention de nommage sémantique

La localisation des composants distribués dans le contexte de dommage d'une application devrait refléter le sens et la position du composant au sein de la structure logique de

CHAPITRE 4. EVALUATION

l'architecture de l'application. Elle peut, par exemple, se traduire par un système de nommage hiérarchique inspiré des systèmes de fichiers. Le but est de rendre la compréhension du nom intuitive et aisée y compris pour un humain.
Comme évoqué dans la section 3.3.3 du chapitre précédent, les composants sont identifiés via un système de nommage unique inspiré des URL et lisible par l'humain.

4.3.2.5 Facilité de programmation et réutilisabilité

La facilité de programmation est un critère très subjectif qui peut être amélioré en fournissant des patrons prêts à être utilisés et des composants pré-développés. Un environnement logiciel de RA fournissant un support intégré de moteurs de rendu et de méthodes de suivi et de recalage (*tracking*) connues rend le processus de développement plus rapide et moins cher. Un autre point important est la capacité à disposer d'outils graphiques de monitoring et de d'édition d'applications.

Dans ARCS, le développeur d'application dispose d'une granularité modulable à volonté grâce à la capacité de composition de composants. Il dispose également d'une bibliothèque de composants riche (plus de 150 composants développés) et dispose également de la capacité à faire muer une classe Qt en composant ARCS (avant l'exécution de l'application). Enfin, le développeur d'application dispose de plusieurs outils détaillés dans les sections 3.3.5 et 3.4.3.

4.3.2.6 Flexibilité et interopérabilité

La flexibilité fait référence à la capacité d'un environnement logiciel à supporter différents scénarios d'application s'exécutant sur différents matériels (avec différentes capacités de calcul) et différents systèmes d'exploitation. Idéalement, l'environnement logiciel devrait être indépendant de la plateforme et supporter le développement d'applications pour différents systèmes d'exploitation et matériels (ordinateurs portés, smartphones...). L'interopérabilité fait référence à la capacité à faire collaborer une application développée en utilisant un environnement logiciel donné avec des composants logiciels et bibliothèques appartenant à d'autres environnements de développement. Par exemple, DWARF et Studierstube sont indépendants de la plateforme et interopérables entre eux.

ARCS étant un EL basé sur la bibliothèque Qt, il est indépendant de la plateforme. Qt supporte la plupart des systèmes d'exploitation populaires, y compris les systèmes mobiles tels que Nokia Symbian, le Système d'exploitation pour mobiles de Google (Android) (Necessitas est le nom de code du portage de la bibliothèque Qt pour le système Android).

4.3.2.7 Multicast

Plusieurs EL dédiés à la RA sont orientés données et impliquent dans certaines applications des volumes importants de données qui doivent être transmis d'un terminal donné vers un ensemble d'autres utilisateurs. Il est alors préférable d'utiliser des transmissions en *multidiffusion (ou diffusion de groupe)* (multicast) plutôt que des unicast répétés à chacun des nœuds concernés. Cela est particulièrement critique pour des systèmes de grande échelle.

ARCS ne supporte pas nativement le multicast. Cependant, pour la diffusion de flux de rendu vidéo, nous passons par un serveur vlc permettant, entre autre, le multicast.

4.3.3 Critères quantitatifs

Les critères quantitatifs varient selon l'application conçue, nous identifions donc ici les critères qui sont généralement les plus critiques pour des applications de RA et détaillerons plus loin la manière dont il convient de les quantifier et de valider en suivant notre méthodologie le fait qu'ils satisfassent les exigences quantitatives ou non.

Les applications de RA sont conçus pour s'exécuter en temps réel. La correction (au sens de la qualité de ce qui est correct) des opérations dépend aussi du temps de réalisation de celles-ci. Se référer à la section 1.2.4.4 pour plus de détails sur cette notion en RA. Ce critère de temps-réel implique que les communications à travers le réseau se fassent dans un laps de temps acceptable qui lui même dépend du temps de latence et du débit de transmission de données. La structure des messages doit donc être la plus légère possible et éviter de surcharger les messages avec un enveloppe lourde.

Dans plusieurs applications de RA mobile, la scalabilité est de plus en plus à un critère très important même si les applications actuelles impliquent rarement plusieurs milliers d'utilisateurs collaborant simultanément et partageant les services de chacun. Les premières applications de RA massivement multi-collaborateurs émergent notamment avec des jeux vidéos [Google, 2012]. Ici, le terme multi-collaborateurs est utilisé pour mettre l'accent sur l'interaction entre utilisateurs simultanément connectés et faisant appel à des composants distribués et pas uniquement à des bases de données partagées. Les applications de RA actuelles se limitent généralement à un maximum de quelques dizaines d'utilisateurs collaborant et interagissant simultanément. Un facteur inhérent à la scalabilité est l'équilibre des charges. Bien que le concepteur de l'application puisse tenir compte de la répartition des charges lors de sa conception, l'EL peut également fournir un service aidant à favoriser l'équilibre des charges.

Un autre critère est la tolérance aux pannes qui peut être résumée par la capacité du système à réagir et continuer à fonctionner, éventuellement en proposant des fonctionnalités réduites ou une qualité de service diminuée (mode dégradé).

Afin de quantifier ces critères de performance pour des applications de RA distribuées, nous allons d'abord décrire les scénarios les plus plausibles en RA distribuée et vérifier quels seront les besoins spécifiques et critiques à chaque classe de scénarios.

Ces trois catégories de contraintes et objectifs devraient être gardées en tête durant la conception de tout EL dédié à la RA distribuée et devrait être utilisé pour évaluer l'architecture résultante. L'évaluation consiste en la comparaison du comportement spécifique du système pour les différentes classes de scénarios avec les objectifs de performance définis pour chacun d'eux incluant les critères quantitatifs.

4.4 Réalité Augmentée distribuée : Quelle performance est suffisante ?

Les performances requises pour une application de Réalité Augmentée varient selon l'application elle-même. Ici, nous allons classifier les différentes applications selon des classes de scénarios pour extraire des critères communs aux applications appartenant à ces classes et qui peuvent être utiles non seulement pour évaluer des architectures dédiées à la RA distribuée mais également dès l'étape de conception de ces architectures en incluant ces objectifs dans le cahier des charges.

La méthodologie détaillée ici est inspirée par la méthodologie *Software Performance Engineering* (SPE) [Smith *et al.*, 2002]. La première étape est l'identification des scénarios et la description des processus entrant en jeu dans chacun d'entre eux. Dans le contexte de notre architecture générique de référence des systèmes de Réalité Augmentée distribuées précédemment définie, nous avons eu à décrire les différents scénarios de distribution et donc à identifier quels composants de cette architecture sont susceptibles d'être distants aux autres et quels échanges transiteront à travers le réseau.

4.4.1 Identification de scénarios

Avant de décrire les différents scénarios, nous introduisons le concept de site. Nous considérons comme site un nœud virtuel du réseau. Le site minimal est constitué d'un nœud physique (ordinateur, smartphone...). Nous décrirons les différents scénarios pour deux sites communicants. Pour une topologie réseau complexe, nous avons simplement à appliquer le processus récursivement en descendant en granularité jusqu'à ce que tous les sites soient des nœuds terminaux (créant ainsi des scénario composés). Entre deux sites L (Local) et R (*Remote*), les scénarios identifiés sont décrits dans la table 4.3.

	Capture en Local sur L			Capture distante sur R			Capture sur deux sites		
	L Trait.	R Trait.	B Trait.	L Trait.	R Trait.	B Trait.	L Trait.	R Trait.	B Trait.
L Vis.	Non distrib.	Scn 2	Scn 3	Scn 1	Scn 5	Scn 4	Scn 1	Scn 2	Scn 7
R Vis.	Scn 5	Scn 1	Scn 4	Scn 2	Non distrib.	Scn 3	Scn 2	Scn 1	Scn 7
D Vis.	Scn 5	Scn 2	Scn 6	Scn 2	Scn 5	Scn 6	Scn 2	Scn 2	Scn 8

FIGURE 4.3 – Scénarios de distribution des systèmes de RA.

Le principe est de considérer un composant déterminé de l'architecture générique susceptible d'être déployé sur un site distant (Uniquement pour les composants dont la distribution présente une utilité quelconque en RA). Éventuellement, les composants peuvent aussi être parallélisées sur deux sites (Ce cas est identifié par la lettre D).

Les composants pouvant être distribués peuvent être regroupés en 3 blocs principaux constituant trois axes selon lesquels nous allons classifier les scénarios résultants : Capture et acquisition de données, traitement des données capturées et visualisation.

Comme notre intention est d'évaluer les performances des systèmes de RA distribués, les scénarios différents d'un point de vue fonctionnels mais impliquant des échanges de données identiques sont regroupés sous une même dénomination car nous ne nous intéressons qu'aux métriques de performance liées à la nature et aux volumes de données échangés sans se soucier des aspects purement fonctionnels (tant qu'ils n'affectent pas les critères de performance). Ainsi, si les critères considérés pour deux scénarios partagent de façon inconditionnelle les mêmes exigences pire cas et meilleur cas, ils sont regroupés sous un même nom. Il en résulte que nous n'avons pas 3^3 (27) scénarios mais uniquement huit (8) après regroupement et élimination des scénarios où la distribution n'intervient pas. Par exemple, le scénario consistant en une capture de données locale sur L, un traitement distant sur R et une visualisation en local est équivalent (à ce niveau d'abstraction) au scénario consistant en la capture distante, traitement en local et visualisation distante.

Il y a forcément une symétrie entre les scénarios de L et R car ce qui est local pour l'un est distant pour l'autre et vice-versa. Ce n'est qu'une question de point de vue de l'utilisateur qui n'a pas d'importance pour un observateur du système dans sa globalité et a fortiori pour le concepteur. Par ailleurs, la capture locale avec un traitement de données distant et une visualisation en local partage uniquement le pire cas avec la capture locale, traitement des données sur les deux sites et visualisation sur les deux sites. Comme le meilleur cas les distingue, nous les considérons comme deux scénarios différents.

Etant donné que la table 4.3 est aisément lisible, nous ne rentrerons dans le détail que des scénarios nécessitant une explication en particulier ou une discussion interne au scénario. Un description plus détaillée d'un scénario pour un EL donné peut être entreprise en utilisant une représentation empruntée à la méthodologie SPE consistant en la combinaison d'un diagramme de séquence *Unified Modeling Language* (UML) et au standard *Message Sequence Chart* (MSC) [Harel et Thiagarajan, 2003].

4.4.2 De la sélection de scénario

Dans le scénario 1, le système implique des capteurs qui envoient des données immédiatement après la capture. Un exemple peut être le contrôle distant d'un robot à partir d'un site délocalisé. L'opérateur distant ne requiert qu'une visualisation de la situation du robot en temps réel (avant d'agir, pendant son intervention, et après pour constater les conséquences de ses opérations). Toutes les augmentations virtuelles peuvent être rajoutées directement sur le site de l'opérateur.

Dans les algorithmes de suivi et de recalage, les entrées sont d'une manière générale des images et éventuellement d'autres données de capteurs. Les données les plus volumineuses sont les données visuelles. Elles sont souvent transformées en une représentation plus réduite en extrayant uniquement les données susceptibles d'être intéressantes pour la suite de l'algorithme. Cette étape est appelée extraction de régions d'intérêt (incluant la détection et description de ces régions). Le résultat de cette étape est soit un ensemble de régions (pouvant être des zones ou des points) décrites par un vecteur de descripteurs chacune. Le but étant de décrire des sous ensembles de l'image, la totalité des transformations de l'image produisent une représentation plus légère que les données brut. A l'exception de certains cas comme les pyramides d'images (représentation multi-résolutions) qui occasionnent une augmentation de la représentation originale à cause de la redondance d'information. Cependant les pyramides d'images étant faites pour permettre un traitement plus rapide, généralement dans un algorithme de description de région d'intérêt, elles constituent une étape préalable à une description plus légère à l'issue de l'algorithme de description. Quelques algorithmes de description parmi les plus populaires dans la communauté Harris (détecteur [Harris et Stephens, 1988] et descripteur [Wang *et al.*, 2008]), SURF [Bay *et al.*, 2008], SIFT [Lowe, 1999].

Si le site local ne consiste pas uniquement en des capteurs envoyant des données vers un site distant et dispose de capacités de calcul substantielles, il peut être préférable de les utiliser étant donné le paragraphe précédent et la réduction significative des données à transmettre après pré-traitement. Différentes solutions doivent être préférées selon :

- les ressources réseau ;
- les capacités de calcul en local ;
- les capacités de calcul du site distant ;
- le temps de calcul requis pour la phase de détection et de description ;
- le ratio de réduction avant pré-traitement et après pré-traitement (réduction de représentation).

Étant donné que la représentation réduite est envoyée plus vite que les données images brutes, il est préférable, dans la plupart des cas de pré-traiter les données sur le site hébergeant les capteurs et d'y effectuer la détection et la description plutôt que d'envoyer les images telles quelles au site de l'opérateur. La vitesse de calcul des algorithmes de détection et de description varie mais reste relativement faible. Une implémentation de SURF pour des applications de suivi/recalage (précision due au fait que SURF implique un paramètre de seuil de détection pouvant varier selon les applications, les applications de suivi sont parmi celles qui requièrent un nombre de points d'intérêts conséquent) fournit en sortie des points d'intérêt en 0,13 secondes sur un Nokia N95 [nguyen Ta et al., 2009] disposant de capacités de calcul largement inférieures aux smartphones modernes. En gardant en tête que SURF est un détecteur relativement lent (voir figure 4.8) et que le Nokia N95 incorpore un processeur Texas Instruments OMAP2 cadencé à 330Mhz.

Un autre exemple est de considérer une image de 640x480 pixels (résolution largement supportée par les smartphones modernes), le poids d'une image de cette résolution non compressée est de 921,6 Ko. La taille d'un descripteur SIFT est plus petite que 512 octets (64 ou 128 selon l'implémentation x taille d'un flottant). Cela signifie qu'on obtient un poids équivalent aux données bruts sans pré-traitement à partir de 1800 points d'intérêt détectés et décrits. Sachant que ce nombre est excessivement élevé car dans la plupart des applications, celui-ci est plafonné à 500 points. Cela implique que dans la plupart des cas, si les capacités de calcul des deux sites ne sont pas extrêmement différentes, il sera plus intéressant de les traiter localement. Dans ce cas, opter pour le scénario 4 devrait être conseillé plutôt que le scénario 1.

Dans un algorithme plus complexe, en vue de d'arbitrer entre l'envoi de données brutes et le pré-traitement en local, nous définissons LD et RD dépendant entre autres du Débit de transmission au niveau applicatif (nombre de bits utiles transmis par unité de temps) (goodput) comme suit :
LD = (Taille des données de sortie après réduction / goodput) + temps de pré-traitement en local
RD = (Taille des données d'entrée brutes / goodput) + temps de pré-traitement sur site distant

LD est la durée totale de l'opération de pré-traitement et d'envoi de données en supposant que le pré-traitement a lieu en local et RD est la durée totale de la même opération en supposant que le pré-traitement a lieu sur le site distant.

Les donnés d'entrée et de sorties se réfèrent à l'entrée et la sortie du pré-traitement. Si LD > RD, opter pour le scénario 1, sinon opter pour le scénario 4. Si le site hébergeant les capteurs dispose de meilleures capacités de calcul que le site de visualisation, est si l'algorithme n'est pas parallélisable entre les deux sites, le scénario 5 peut être préféré selon les volumes de données nécessaires à la visualisation. Dans le même contexte, si l'algorithme est parallélisable ; le scénario 3 devrait être préféré.

Pour des applications de grande échelle impliquant des utilisateurs collaborant dans un univers persistant, le besoin d'une base de données centralisée émerge et maintient la consistance et la cohérence du système. Des mécanismes de réplication de données peuvent être mis en œuvre pour réduire l'utilisation de bande passante. Bien que la gestion de données persistantes soit une problématique importante pour le système et qu'elle ait un impact certain sur l'utilisation des ressources réseau, nous nous concentrerons plus sur la distribution de composants.

Le cas le plus générique est celui où l'on dispose de systèmes hybrides (peer-to-peer et client/serveur) pour des applications collaboratives. C'est le scénario 8. Un exemple serait la conception d'une application de reconstruction 3D impliquant plusieurs utilisateurs reconstruisant une scène. Chaque utilisateur reconstruit une partie de la scène mais tous les utilisateurs peuvent visualiser la totalité de la scène reconstruite qui doit être la même pour tous. La cohérence doit bien évidemment être maintenue entre les différents nœuds (notamment en cas de recouvrement des scènes).

4.4.3 Données échangées

En suivant les axes choisis pour classifier les applications de RA (Capture, Traitement, Visualisation), nous pouvons construire le workflow général d'une application de RA où d'éventuels transferts de données via le réseau peuvent être requis. Ces étapes sont décrites dans la figure 4.4.

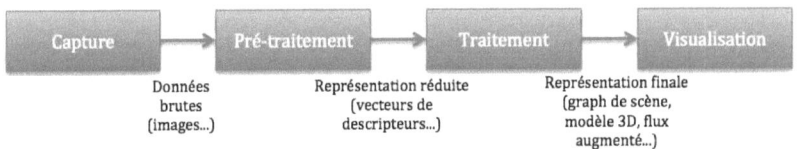

FIGURE 4.4 – Principales données échangées au sein d'une application de RA distribuée.

Bien entendu, ces étapes peuvent elles mêmes se décomposer en plusieurs sous-parties. Le nombre infini de représentations possibles nous empêche de modéliser les différentes constituantes de chacune des phases plus en détail.

4.4.3.1 Données d'entrée brutes

Sachant que notre sujet est la RA, la vidéo (images) est la source de données la plus importante. On peut légitimement se demander : quel est le nombre d'images par seconde est le plus optimal pour que l'œil humain ne sente pas de rupture dans la fluidité de la visualisation et de l'interaction ?. Bien que les standards de films et de télévision les plus répandus oscillent entre 24 et 30 images par seconde, il n'y a aucune réponse précise à cette question. Et cela est du à deux raisons principales :
- D'une part, les données d'entrée ne sont pas forcément celles qui sont visualisées par l'utilisateur. Ce sont celles qui seront traitées. Et plus il y a d'information, plus l'algorithme de traitement a de chance de fonctionner de la manière la plus précise. Ce point est contre-balancé par les temps de traitement qui s'allongent avec le nombre d'images. Ce point exige donc un compromis entre la précision et la capacité de traitement (et de coûts). Il reporte la question de l'adéquation avec l'œil humain à la phase de visualisation même s'il y a tout de même un plancher commun entre les deux phases.
- La fréquence d'images à fournir à l'œil humain pour qu'il n'ait pas de sensation de mouvement saccadé dépend du type d'images et du contexte de visualisation. Plus les variations au sein du flux vidéo sont nombreuses (ex. caméra embarquée sur un véhicule), plus la fréquence de capture exigée est élevée.

CHAPITRE 4. EVALUATION

L'expérience montre que certaines applications de RA s'exécutant à 15 images par secondes peuvent sembler fluides et nous considérons donc ce cas comme étant le meilleur cas pour la consommation de ressources réseau. Toujours dans ce contexte de meilleur cas, nous prenons en considération des images de 320x200 pixels compressées avec l'algorithme JPG90. Ces conditions représentent pour nous le minimum exigé pour une application de RA actuelle. Pour le pire cas, nous considérons une application fournissant des images à 30hz en stéréo (60hz) avec une résolution de 2MP (voire table 4.5).

Video	Framerate	caméras	Résolution
Pire cas	60hz(30x2)	2	2MP
Meilleur cas	15hz	1	0.1MP

FIGURE 4.5 – Données vidéos : meilleur cas / pire cas.

Pour les autres données (table 4.6 et 4.7), nous considérons comme entrée des données de périphériques très utilisées en RA. En particulier des données de centrale inertielle et d'un récepteur *Global Positioning System* (GPS). Les fréquences de centrales inertielles varient entre 20hz et 100hz tandisque qu'elle varien de 1hz à 100hz pour les GPS. Le but est d'estimer le goodput requis.

	Fréquence	Taille d'une unité de données	Goodput requis
Video	15hz	20.7 KB (320x200)	309.9 KB/s
GPS	1hz	<0.5 KB	0.5 KB/s
CI	20hz	<1 KB	20 KB/s
Total			330.4 KB/s

FIGURE 4.6 – Données échangées : meilleur cas.

	Fréquence	Taille d'une unité de données	Goodput requis
Video	60hz (stereo)	347.4 KB (1600x1200)	20.35 MB/s
GPS	100hz	<0.5 KB	<0.05 MB/s
CI	100hz	<1 KB	<0.1 MB/s
Total			< 20.5 MB/s

FIGURE 4.7 – Données échangées : pire cas.

4.4.3.2 Descripteurs

Pour la plupart des descripteurs, la taille des données est relativement faible comme expliqué précédemment pour le descripteur *Scale Invariant Feature Transform* (SIFT). C'est la même taille pour SURF (64 ou 128 flottants). Cependant, en manipulant des images pyramidales de représentation multi-résolutions, la redondance d'information implique un accroissement de l'espace mémoire requis pour la représentation des données images. La représentation pyramidale étant intermédiaire, il est préférable de finaliser l'étape suivant (extraction de descripteurs finaux) avant de transmettre les données via le réseau.

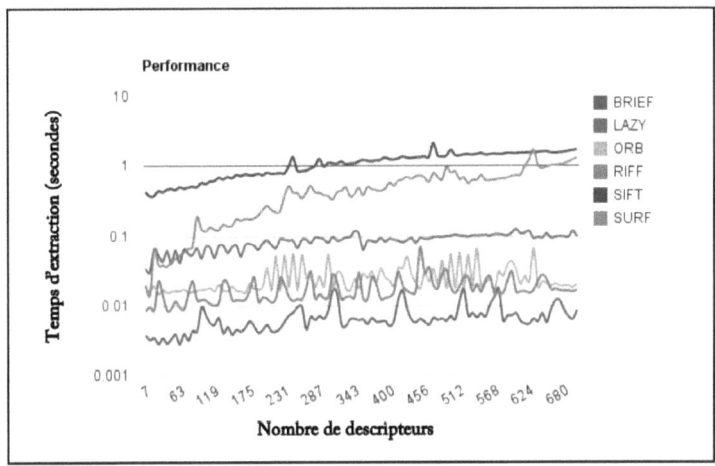

FIGURE 4.8 – Comparatif de performance des algorithmes de description.

4.4.3.3 Scène finale

La scène finale dépendant de l'application, les données nécessaires pour afficher la scène finale à l'utilisateur peut très sensiblement varier. Elle peut être représentée par un graphe de scène complet ou partiel, des informations contextuelles, un ou plusieurs modèles 3D ou une combinaison de plusieurs de ces éléments voire simplement un flux vidéo. La fourchettes des volumes de données échangées est très large. Nous pouvons tout même nous attendre à une situation pire cas correspondant à l'envoi d'un flux vidéo (ex. Cloud de rendu OnLive® [Onlive, 2012] pour les jeux vidéo). Dans ce cas, les volumes de données sont facilement prédictibles.

4.4.4 Objectifs de performance

Le débit requis pour atteindre un goodput donné dépend de plusieurs paramètres tels que le lien de transmission physique ainsi que le protocole mis en œuvre. Par exemple, lors de l'utilisation de *Transmission Control Protocol* (TCP), un paramètre important est le *Message Segment Size* (MSS) qui se réfère à la quantité de données réelles qui sont envoyées dans chaque segment (en-têtes exclus).

Ajuster le MSS peut significativement améliorer l'efficacité (un ratio de 1 :10 dans certains cas) mais mettre en œuvre un MSS trop élevé peut aussi résulter en une performance fortement détériorée si la qualité de la connexion est mauvaise (augmentant le nombre de paquets perdus et réexpédiés).

Le MSS standard est de 563 octets. Si nous considérons un en-tête TCP (20 octets) et un en-tête *Internet Protocol* (IP) (20 octets), nous avons un ratio de 93% de données (536 :576). Ceci n'est plus vérifié si des options TCP ou IP sont utilisées. Cela augmenterait l'en-tête et peut résulter en une fragmentation IP découlant du fait que la nouvelle taille du message dépasse le *Maximum Transmission Unit* (MTU) du réseau IP. Le MTU minimum est de 576 octets. De plus, on doit aussi ajouter l'enveloppe haut-niveau du protocole du *framework*. Le taux d'erreur de contrôle de somme (aussi appelé "empreinte" ou *checksum*) étant propre au lien physique utilisé (cable ethernet, air pour le WiFi...) et restant relativement bas, et en gardant en tête que notre évaluation se base sur des estimations de volumes de données échangées, nous avons décidé d'ignorer de telles erreurs dans cette étude.

Si l'on considère le ratio de données précédent, une application de RA meilleur cas devrait pouvoir s'exécuter sur un smartphone avec une connexion 3G stable tandis qu'une application de RA pire cas avec des exigences de qualité hautes devrait au moins pouvoir s'exécuter correctement et de manière fiable en utilisant un réseau filaire local. La compression d'images devrait aussi être gérée soigneusement car même si elle permet de réduire la taille des images de façon peu perceptible par l'œil humain, la perte d'information peu ruiner les résultats fournis par les algorithmes de vision.

Un autre facteur d'impact important est la latence, ou le temps d'envoi d'un paquet et la réception de l'acquittement correspondant à travers le réseau (Également appelé *ping* ou *Round-Trip Delay time* (RTD)). Cette métrique exclut le temps de transfert de données utiles.

Le temps de latence dépend de la qualité du lien et de l'architecture réseau (latence dans les équipements intermédiaires) Elle est très importante pour une application de RA pour laquelle la contrainte temps-réel est souvent critique et on doit concevoir le système en gardant en tête cette contrainte.

Bien qu'elle varie selon les applications et selon les utilisateurs, la grande mpajorité des retours d'expérience et des projets de la communauté désignent comme latence maximale acceptable pour un retour visuel un seuil de 100 ms [Livny et Raman, 1998].

Comme dit précédemment, pour réduire l'utilisation de la bande passante, la réplication de données peut être introduite et particulièrement quand le système est déployé à grande échelle. La réplication présente aussi l'avantage d'augmenter la tolérance aux pannes et est souvent mise en œuvre au sein des stratégies d'évitement/résistance aux pannes.

4.4.5 Modèle du système

Cette phase de la méthodologie implique deux étapes principales, la première est le modèle d'exécution logiciel qui représente les aspects clés du comportement du logiciel pour chaque scénario. Ce modèle est représenté par un graphe d'exécution [Smith, 1990] et a pour résultat l'identification de l'information de performance spécifique à un composant. La seconde est le modèle d'exécution dynamique du système dans son intégralité qui identifie la performance du logiciel en fonction des facteurs de son environnement tels que le nombre d'utilisateurs, la charge imposée, la contention es ressources et les goulots d'étranglements éventuels. Il peut être utile de disposer de cette information et de l'exploiter, par exemple, dans un outil de simulation de réseau afin de mieux visualiser le comportement du système.

Ensuite, le modèle de comportement du système est comparé aux objectifs identifiés de celui-ci. Si les estimations de performance du système sont meilleures que celles exigées par le pire cas, alors nous pouvons considérer que les critères de performance sont atteints et satisfaisants. Le développement de l'application peut dès lors commencer. Si les estimations ne satisfont même pas le meilleur cas, nous sommes fort probablement loin d'une solution réalisable et des alternatives faisables devraient être explorées (en envisageant une application moins exigeante par exemple ou un matériel plus performant). Si les estimations de performance sont quelque part entre le meilleur cas et le pire cas, alors une analyse plus approfondie s'impose. Notamment autour des composants les plus critiques de l'application. Raffiner la conception de ces composants peut fournir des repères de performance "personnalisés" et peuvent ainsi nous permettre de délimiter le périmètre de performance de l'application (seuils maximaux de résolution, nombre de descripteurs maximaux...).

4.5 Conclusion

Dans ce chapitre, nous avons en premier lieu introduit le besoin d'une méthodologie dédiée à l'évaluation des systèmes de RA en énumérant les différentes spécificités de ceux-ci. Ensuite, nous avons fourni une proposition de méthodologie d'évaluation de systèmes de RA distribués inspirée à la fois des patrons de conception élaborés et reconnus par la communauté RA et de la méthodologie SPE très largement utilisée dans nombre de systèmes distribués non spécifiquement dédiés à la RA. Le résultat est une méthode (ré)utilisable sur laquelle les concepteurs peuvent s'appuyer de la transposition de leur architecture vers le standard générique de référence, jusqu'aux rapports de performance en passant par la sélection de scénarios pertinents pour leur système et l'ajustement des paramètres inhérents. Une discussion autour de ces paramètres est également effectuée dans ce chapitre afin de visualiser de manière plus concrète leurs implications sur les applications de RA et sur les ressources réseaux consommées. Les rapports de performance peuvent ensuite être utilisés pour identifier les capacités du *framework* et les applications supportées par celui-ci. Du point de vue du développeur d'application, ils peuvent également servir à sélectionner le *framework* le plus adapté pour son application et quantifier cette performance dans le contexte d'un *framework* donné. Enfin, ces rapports peuvent plus simplement servir de référence avant de mettre à jour le *framework* lui-même et d'avoir des points de repères sur l'évolution de la performance au fil des versions.

Les métriques qualitatives de la méthodologie ont été appliquées à ARCS et ont fourni un retour d'expérience très estimable. Elle a permis notamment d'établir le périmètre des capacités du *framework* et a ainsi d'aborder la conception d'applications de démonstration avec plus de visibilité sur ce qui serait faisable ou non dans le contexte de l'EL. Ces applications sont présentées au chapitre suivant.

Pour les métriques qualitatives, étant spécifiques aux exigences de chaque application, nous avons mis en place un environnement de base (kit de démarrage), permettant au développeur d'application ARCS de simuler les performances de son application sur l'outil Omnet++ (en ajoutant des composants spécifiques à son application et en décrivant les caractéristiques de ces composants et de l'infrastructure (temps de traitement pour chaque composant, décrire les liens de connexion...).

Chapitre 5
Applications

5.1 Introduction

En plus d'une évaluation purement formelle, bien qu'elle se base sur des critères directement issus des systèmes réels et de leurs retours d'expérience, il est indispensable de confronter la solution proposée à des problèmes pratiques afin de démontrer la capacité de celle-ci à supporter des applications correspondant à l'état de l'art en RA. Les différentes applications basées sur cette solution peuvent être classées en trois catégories : En premier lieu, les applications distribuées constituées de composants ARCS déployés sur différentes machines. Celles-ci ne font appel qu'au *middleware* de ARCS sans utilisation de web services. L'avantage principal est la légèreté de celui-ci. Pour des applications constituées exclusivement de composants ARCS, l'utilisation du *middleware* est à privilégier.

Pour des applications composites faisant appel à des composants ARCS et à d'autres composants distants. On distingue deux types de comportements distincts. Les applications s'exécutant via le moteur de ARCS et faisant appel à des services externes d'une part, et les applications externes faisant appel à des composants ARCS d'autre part. Dans le premier cas, les composants ARCS sont clients de services externes et dans le second, ils se comportent en serveur devant répondre à différentes requêtes.

5.2 Applications utilisant le middleware interne

Ici, l'objectif est de démontrer en pratique la capacité du *middleware* propre à ARCS à supporter la distribution de composants dans une application exigent un niveau élevé de performance. L'application est une application de reconstruction 3D. Une première version de l'application est une application SLAM monoculaire. La distribution peut intervenir à plusieurs niveau mais le cas le plus intéressant est celui de la construction de cartes collaboratives reconstruites à partir de données provenant de sources diverses. La figure 5.1 est une vue globale de l'algorithme de l'application. Les différentes phases sont décrites en annexe C et incluent :
- Détection de points d'intérêt ;
- Appariement des points d'intérêts entre les différentes frames ;
- Calcul de la matrice fondamentale ;
- Calcul de la matrice caméra (estimation de pose) ;
- Triangulation ;

CHAPITRE 5. APPLICATIONS

– Ajustement de faisceaux.

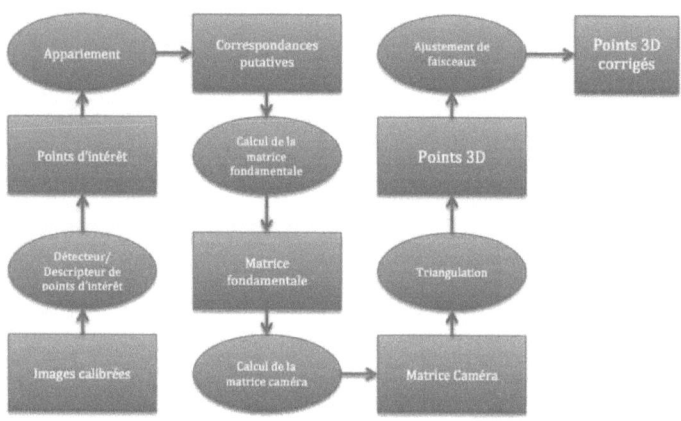

FIGURE 5.1 – Algorithme de l'application SLAM monoculaire.

Le scénario de distribution pour lequel nous avons opté ici est que que les étapes allant de la capture à l'appariement se font en local tandis que le reste de l'algorithme prend en entrée les paires de points appariés pour exécuter la suite de l'algorithme.

5.3 Applications ARCS clientes

Le module de ARCS permettant de gérer les webservices, du fait qu'il supporte XML et JSON s'interface très facilement avec la plupart des webservices standardisés. Afin de tester son fonctionnement en situation réelle, nous avons conçus trois applications applications différentes permettant d'illustrer :
- La capacité de l'application à s'interfacer avec des webservices standardisés ;
- La capacité et la facilité à utiliser des requêtes HTTP sans message structurés. Les "services" peuvent aussi être créés par le développeur de l'application ARCS, en dehors du *framework* et pouvant s'interfacer avec d'autres systèmes que ARCS (ex. Service d'envoi de mails...) ;
- La capacité à utiliser des webservices externes non standardisés.

5.3.1 Applications utilisant des services standardisés

L'application développée dans ce cadre est une application faisant appel aux web services de google. En l'occurrence, les API Google Maps et StreetView très largement utilisées dans plusieurs applications hétérogènes. Pour une utilisation modérée (nombre de requêtes quotidiennes), l'accès aux services est libre. StreetView offre la possibilité d'afficher des vues panoramiques géo-localisées. Il est également possible de faire des requêtes permettant de générer une vue personnalisée (pas nécessairement en 360 degrés). Les paramètres à fournir pour le composant ARCS permettant de générer la vue demandée sont ceux requis par le webservice lui-même.

Les paramètres obligatoires sont :
- La taille de la vue renvoyée ;
- Les coordonnées de la position demandée. Le résultat final correspondra aux images prises au plus près des coordonnées passées en paramètre ;
- Le paramètre "capteur" précisant si le terminal interrogeant le service intègre un capteur matériel de position.

Les paramètres optionnels sont :
- La direction du regard (orientation de la vue entre 0 et 360, ces deux valeurs indiquant le nord) ;
- Le champ de vision qui correspond à l'angle de la zone couverte autour de la direction du regard, s'exprime en degrés ;
- Le pitch qui spécifie l'angle de vue vertical de la caméra, le paramètre 90 degrés correspond à une vue vers le haut.

Un autre paramètre est la clé permettant d'utiliser le service. Pour le composant ARCS, nous avons ajouté la possibilité de stocker cette clé directement dans un attribut afin de ne pas avoir à le remettre en argument à chaque appel de la méthode.

L'application ARCS interrogeant les web services de google combine certains de ces paramètres avec l'API de Google Maps. Permettant ainsi de une double vue de haut (carte) et une vue directe (photo). Sur le même principe que le composant précédent, les requêtes sont libres si l'utilisation est restreinte à moins de 1000 requêtes par jour. Les paramètres pour générer la carte sont : les coordonnées sur lesquelles la carte est centrée, le niveau de zoom, la taille de l'image représentant la carte, la résolution de l'image, le format de l'image (PNG par défaut), la langue utilisée pour les noms de lieux ainsi qu'une série de paramètres permettant de décrire le style de la carte (vue satellite, carte classique...) et des itinéraires et marqueurs divers.

Les résultats retournés par les composants faisant appel à ces webservices sont émis par des signaux propres à ces composants. Ils sont donc utilisables donc directement comme s'ils étaient locaux par d'autres composants ARCS pour qui l'interrogation de services distants est complètement transparente. Il est possible d'y appliquer n'importe quel algorithme offert par un composant ARCS (de-distortion, matching...). Il est possible, par exemple, d'imaginer de faire une reconstruction 3D aveugle (par opposition aux reconstructions basées sur des capteurs binoculaires et monoculaires, ici on n'aurait aucune caméra) d'un itinéraire par lequel l'utilisateur transite et ce en utilisant les données photos géo-localisées retournées par l'API d'images statiques. Une application ARCS utilisant ces deux webservices au même temps (voir figure 5.2) est décrite en moins de 40 lignes XML en incluant les inclusions des différentes bibliothèques et en-têtes. Le bénéfice pour le développeur d'applications est donc clairement visible.

5.3.2 Applications utilisant des services non standardisés

Dans le cadre de cette application, un accès au webservice de reconstruction 3D SFM (Structure From Motion) a été sollicité auprès du *Center for Machine Perception (CMP)* de l'université technique de Prague. Comme son nom l'indique, ce web service permet de reconstruire une scène en trois dimensions à partir d'images fournies en entrée. Le webservice exige que les différentes requêtes soient structurées en XML en respectant des noms de balises prédéfinies permettant au moteur d'exécution distant de générer des tâches correspondant aux requêtes spécifiques des utilisateurs. Le service est basé sur un

CHAPITRE 5. APPLICATIONS

FIGURE 5.2 – Exemple d'une application ARCS utilisant les services de google.

paradigme client / serveur ainsi que sur les principes suivants :
- Un jeu de données doit être créé sur le serveur, un jeu de données est constitué d'un ensemble d'images auxquelles est associé un identifiant ;
- A chaque fois qu'une nouvelle image est ajoutée, l'identifiant de l'ensemble auquel elle appartient doit être spécifié ;
- Un fichier XML décrivant la tâche à exécuter et ses différents paramètres doit être créé et un identifiant de tâche lui est assigné ;
- La tâche est exécutée par le serveur ;
- Le client interroge le serveur en communiquant l'identifiant de la tâche (dans laquelle est spécifié l'identifiant du jeu de données à utiliser) ;
- Une fois la tâche exécutée, les résultats peuvent être récupérés. Ces résultats contiennent différentes informations et peuvent se présenter sous différents formats selon la tâche exécutée.

Etant donné le fonctionnement particulier de ce webservice, l'application ARCS faisant appel à ce webservice ne gère pas à proprement parler les connexions au webservice (qui est effectué par des scripts librement accessibles aux utilisateurs). L'application s'occupe de générer les descriptions XML des tâches à transmettre au webservices et récupère les résultats une fois que la notification de fin d'exécution de la tâche a été reçue (par défaut, les résultats sont stockés dans une base distante). Dans l'exemple de la figure 5.3, le résultat de la reconstruction prend environ 9 minutes pour 40 images d'une résolution de 800x600 pixels fournies en entrée. Le temps d'exécution de la tâche est bien entendu indépendant des performances la machine cliente.

Les descriptions de tâches en XML 5.4 peuvent être générées sur une page web avec interface utilisateur qui génère les descriptions à partir de choix de paramètres et de préférences. Elle permet de se familiariser rapidement avec la structure des descriptions et donc de concevoir son propre générateur.

CHAPITRE 5. APPLICATIONS

FIGURE 5.3 – Exemple de résultat d'utilisation du webservice de reconstruction 3D.

```
<?xml version="1.0" encoding="UTF-8"?>
<!DOCTYPE xmljob SYSTEM "http://ptak.felk.cvut.cz/sfmservice/DTD/onebuttonv2.dtd">

<xmljob dataset_id="1007">
  <onebuttonv2>
     <estimate_distortion/>
     <simplify/>
     <video/>
     <calibration file="">
        <exif/>
     </calibration>
  </onebuttonv2>
</xmljob>
```

FIGURE 5.4 – Exemple de description XML d'une tâche à traiter par le service SfM.

Plusieurs tests ont été effectués et dans l'ensemble, les résultats sont satisfaisants. L'application client arrive à récupérer le fichier VRML en sortie après l'exécution de la tâche dans la quasi totalité des cas. Cependant, certaines tâches s'arrêtent parfois de manière intempestive du côté du serveur. La gestion de l'attente de fin de traitement comprend donc un développement à part indépendant de la gestion des accès au service lui-même.

5.3. APPLICATIONS ARCS CLIENTES 93

5.3.3 Applications utilisant des requêtes HTTP sans envoi de message structuré

Au sens strict, cette fonctionnalité ne donne pas accès à des webservices mais permet simplement d'exécuter des requêtes web à distance. Son utilité principale est pour l'exécution de codes hébergés sur un serveur web (par exemple, du code PHP permettant d'envoyer un mail) et le téléchargement de fichiers binaires hébergés sur le web (téléchargement qui peut s'effectuer par parties pour les fichiers de grande taille). Plusieurs tests de téléchargement ont été effectués et l'appel à un script PHP d'envoi de mail également. Ce client de script PHP d'envoi de mail a notamment été utilisé dans une application plus complexe ayant un comportement ambivalent client/serveur. Cette application est décrite dans la section suivante.

5.4 Applications ARCS serveur

Afin de démontrer la capacité du *framework* à supporter des applications ayant le rôle ambivalent client et serveur, nous avons conçu et développé des applications mettant en œuvre des services externes et proposant elles mêmes ses services à l'extérieur.

L'objectif est avant tout d'apporter une preuve de faisabilité d'une application de RA distribuée exploitant les webservices et proposant des webservices.

5.4.1 Application de Réalité Mixte sous-marine

5.4.1.1 Introduction

La vision de cette application est de tirer profit des véhicules sous-marins et des capacités de communications réseau actuelles pour donner aux personnes connectées à internet un accès aux profondeurs des océans n'importe quand et n'importe où. Aujourd'hui, ces utilisateurs perçoivent les changements du milieu marin quasi-exclusivement par la surface visible des rivages. Nous supposons que si nous impliquons le grand public dans l'exploration des fonds marins et en le sensibilisant, la population pourrait se sentir plus concernée et participerait plus facilement à la préservation de cet espace et éventuellement à la recherche de solutions alternatives à des des problèmes d'exploitation des ressources de la mer, aux changements climatiques, la destruction de la bio-diversité ainsi que de traitement de la pollution. Le second objectif, plus accessible à court terme, est d'assister les professionnels du monde marin à accomplir leurs tâches en augmentant leur perception de la scène en leur offrant des actions automatisées pour la surveillance, le suivi et le comptage de la faune marine.

L'introduction de la réalité mixte et d'internet dans les activités aquatiques constitue une rupture technologique comparée au statut des technologies existantes. A travers internet, n'importe quel utilisateur, sans contrainte de temps et d'espace, est capable de plonger en temps réel en utilisant un véhicule téléguidé (plus communément désigné par ROV (voir figure 5.5) pour *Remotely Operated Vehicle*) dans les sites les plus remarquables à travers le monde. Le cœur de du travail décrit ici se concentre autour de la Réalité Mixte.

Le cœur de ce travail [Chouiten *et al.*, 2012b] est focalisé sur la Réalité Mixte. Le défi principal est d'arriver à afficher aux utilisateurs le flux vidéo en temps réel en mélangeant

CHAPITRE 5. APPLICATIONS

FIGURE 5.5 – Le ROV à l'UCPA Aqua 92 à 5 mètres de profondeur.

des entités 3D (objets ou surfaces de fonds marins pré-traitées) avec des vidéos 2D capturées en direct par un ROV.

Les océans représentent 70 % de la surface de la terre alors que les personnes ayant des connaissances autour des océans et des fonds marins -plongeurs et scientifiques spécialistes de la mer- représentent à peine 0.5 % de la population mondiale. Ceci n'est pas uniquement du au manque de connaissance mais également souvent aux problématiques de distance pour les gens vivant loin des côtes et aux couts inhérents à l'expérience de plongée (matériels, formation...). D'autre part, même si les équipements sous-marins ont connu de très grandes avancées, les scientifiques marins et les plongeurs ont toujours besoin d'effectuer un certain nombre de tâches manuelles ou répétitives qui pourraient être automatisées. On s'attaque également à cette problématique dans le cadre de cette application en fournissant une solution assistée pour la surveillance et le suivi de la faune marine et en mettant en place un environnement extensible à d'autres types d'application.

La plongée virtuelle en temps réel à travers la téléopération d'un ROV via une interface de Réalité Mixte basée Web est une manière nouvelle et innovante de découvrir le monde subaquatique en ligne. Elle permet de compléter, voire de remplacer pour certaines tâches, les plongeurs humains en donnant accès direct à l'exploration marine et plusieurs autres tâches (ex. inspection d'infrastructures marines).

La réalité mixte consistera notamment à faire co-exister des entités 3D comme des cartes de terrains pré-traitées ou des objets / repères avec le flux vidéo fourni par le ROV. Le ROV utilisé dans le cadre de notre application est téléguidé par un opérateur distant au travers d'un câble ombilical le reliant à la surface.

Ce projet est en partie financé par le projet européen (Digital Ocean - FP7 262160) qui est un projet collaboratif financé par le Programme Cadre de la Communauté Européenne

FP 7.
Néanmoins, il apparait que les technologies et l'expérience déjà acquises dans le domaine de la téléopération via internet de robots en général, et plus spécifiquement, dans le domaine de la téléopération de robots sous-marins est maintenant suffisamment mûre pour envisager sérieusement le développement des ROVs télé-opérés par internet [Maza M., 2005] [Roston et al., 2007] [Sattar et Dudek, 2009] [Jenkyns et CSC, 2010] pour le grand public.

En plus de la téléopération telle qu'elle est entendue habituellement (ensemble de techniques qui permettent à l'homme de transposer ses capacités d'action en temps réel (observation, manipulation) à distance grâce à des retours sensoriels), l'objectif de ce travail est d'enrichir l'expérience utilisateur avec des entités graphiques et textuelles fiables et générées en temps réel. Ces entités aident à avoir une vision globale et à comprendre une situation dans une environnement relativement peu familier. Cela a pour effet de faciliter et d'accélérer la prise de décision dans de tels environnements d'une part et d'automatiser des tâches telles que l'inspection sous-marine, la détection d'animaux marins et le comptage en temps réel des individus de la faune permettant de créer une base de données de la vérité terrain qui pourra être suivie à travers le temps et fournir des statistiques utilisables par les scientifiques spécialistes du monde marin.

Comme une fonctionnalité supplémentaire, toute l'architecture est conçue pour être distribuable sur plusieurs sites physiques. L'application en est plus flexible et permet l'implication de plusieurs utilisateurs coopérant dans un même objectif ou tout simplement spectateurs.

5.4.1.2 Téléopération du ROV

En plus des applications d'exploration, plusieurs tâches opérationnelles effectuées par des entreprises requièrent de plonger (ex. tâches d'inspection de coques de bateau ou de structure sous-marine, surveillance et suivi de faune marine). L'industrie a déjà essayé de faciliter ces tâches de plusieurs manières et en fournissant un éventail de solutions fonctionnelles. Ces solutions ont apporté aux plongeurs de nouvelles combinaisons, des cartes sous-marines détaillées et des outils matériels spécifiques à la plongée.

Bien que ces équipements aient amélioré le travail des plongeurs, il y a toujours des problèmes de communication in-situ, l'absence de capacité à automatiser les tâches et de très nombreuses contraintes liées aux effets physiologiques des plongées sur les plongeurs. Les spécialistes de la santé des plongeurs ont étudié différents effets du travail dans les conditions d'un environnement sous haute pression, fluide et avec une perception altérée de la pesanteur. Parallèlement, des troubles de l'orientation, de la perception tactilo-kinesthésique et du système vestibulaire peuvent survenir voire des affections plus sérieuses. Parmi celles-ci, nous pouvons citer la narcose à l'azote (*Nitrogen Narcosis*), la toxicité de l'oxygène dans les poumons liée à la profondeur, la maladie de décompression (DCS en anglais pour *Decompression Sickness*), l'embolie gazeuse artérielle (AGE), l'hyperémie (afflux sanguin excessif dans un organe), les barotraumatismes, etc. Ces affections sont discutées plus en détails dans [Joiner, 2001], [Stanley et Scott, 1995] et [Morales Garcia et al., 2009]. L'utilisation du ROV (*Remotely Operated Vehicle*) permet d'éviter une large part de ces problèmes (notamment dans les tâches d'exploration [Bruzzone G., 2003] et d'inspection [Sattar et Dudek, 2009] [Jenkyns et CSC, 2010]). De plus, la capacité à opérer à distance dans un environnement familier et confortable avec toutes les informations nécessaires à la prise de décision fournies par les capteurs du ROV et affichées dans une interface intuitive améliore la vitesse et la qualité des décisions.

5.4.1.3 Architecture du système

Le système est constitué de cinq (05) sites principaux (figure 5.6) (nœuds réseaux) qui sont :
- Le site du ROV (habituellement dans la mer / fosse de plongée) ;
- Le module ARCS (Site de déploiement de l'application de Réalité Mixte) ;
- Base de contenu 3D (ex. modèles 3D de faune / flore) ;
- Site du serveur web hébergeant l'application web ;
- Site utilisateur (peut représenter plusieurs utilisateurs déployés sur différents sites) ;

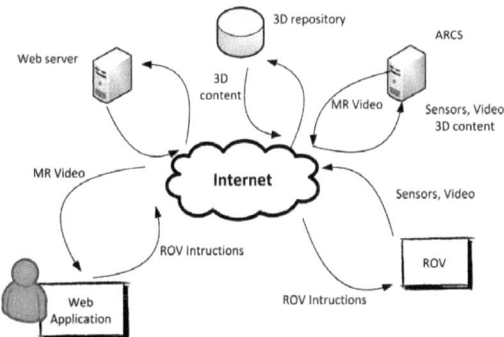

FIGURE 5.6 – Application de RA sous-marine : Flux de données échangés.

La figure 5.6 illustre les relations et les flux de données échangés entre les cinq (05) sites. Excepté le site du ROV, tous les autres sites peuvent être regroupés. Cela dépend du scénario d'application. L'architecture a été construite de cette manière pour offrir plus de flexibilité.

De base, le système fonctionne de la manière suivante. L'utilisateur contrôle le robot via l'interface utilisateur web. L'interface web permet des commandes de haut niveau composées de plusieurs instructions bas niveau transmises au ROV. Le robot équipé d'un ensemble de capteurs (comprenant deux caméras mais seulement une est utilisée dans notre cas) envoie un flux de données continu vers le serveur web. L'application ARCS récupère les données envoyées par les capteurs vers le serveur, notamment le flux vidéo, génère la scène augmentée et renvoie les données finales en sorties (flux vidéo augmenté, diverses informations issues des capteurs). Le tout est rendu disponible via l'application web et chaque utilisateur est potentiellement capable de créer une vue personnalisée.

L'architecture interne de l'application web est divisée en 3 parties. Elle comprend principalement : une page web écrite en HTML 5, CSS 3 et JS (JavaScript). Un script PHP est également utilisé en vue de gérer les communications avec le ROV en utilisant le protocole TCP ModBus et un contrôleur PHP. ModBus est un protocole de communication série publié en 1979. Le contrôleur est conçu pour gérer tous les flux de données entre les modules :

CHAPITRE 5. APPLICATIONS

- Les instructions du robot, qui sont des commandes de haut niveau, utilisables par les utilisateurs en cliquant sur les boutons de l'interface (ex. avancer, reculer, tourner à gauche, tourner à droite, etc.). Le script PHP gérant les communications Modbus convertit alors ces commades haut niveau en instructions Modbus (ex. Adresse du ROV + Code lecture/écriture + Code du premier registre mémoire + Nombre d'octets + Données à envoyer + Contrôle de Redondance Cyclique 16) ;
- Les données qui sont envoyées par le ROV (ex. états des capteurs, erreurs, etc.).

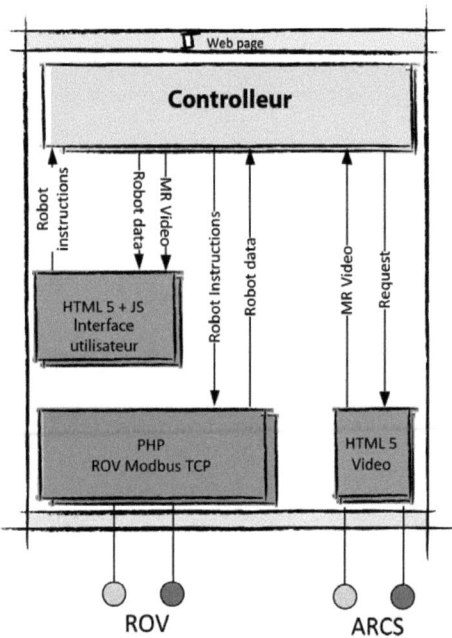

FIGURE 5.7 – Application de RA sous-marine : Architecture de l'application.

Un module spécifique est appelé Interface Robot Ordinateur (en anglais RCI pour *Robot Computer Interface*) permet de lier le ROV avec le réseau (voir figure 5.8). Il est constitué de quatre composants :
- Gestionnaire d'alimentation ;
- Batterie ;
- Module de contrôle et vidéo : convertit les données LAN/WLAN vers RS485 (typique aux couches physiques d'une interface numérique sérielle) ;
- Démodulation Vidéo : Convertit le signal vidéo PAL/NTSC vers un signal vidéo numérique ;

L'application web peut aussi recevoir des données de l'application ARCS. C'est un flux de données spécifique qui contient le résultat des traitements effectués par l'application ARCS dans le but de permettre une personnalisation de la scène (envoi de données séparées plutôt que d'un flux vidéo tout intégré). Ceci est particulièrement utile dans le

CHAPITRE 5. APPLICATIONS

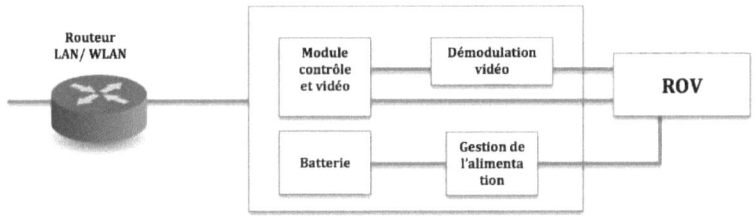

FIGURE 5.8 – Application de RA sous-marine : Infrastructure matérielle du système.

cas d'un nombre d'utilisateurs élevé qui visualisent la scène capturée en temps réel et qui ont besoin de vues différentes (ex. informations de capteurs différents...). L'application web communique avec ARCS à travers le réseau (éventuellement à travers internet). L'application ARCS permet de mixer un flux vidéo provenant du ROV avec du contenu 3D récupéré via le site de stockage du contenu 3D. Dans notre implémentation, le contenu 3D est stocké sur une base de données MySQL. L'application ARCS peut alors mettre en œuvre différents algorithmes de vision par ordinateur (il existe plus de 150 composants pré-développés et il est possible pour le développeur d'en ajouter en développant ses propres composants).

5.4.1.4 Interface utilisateur Web

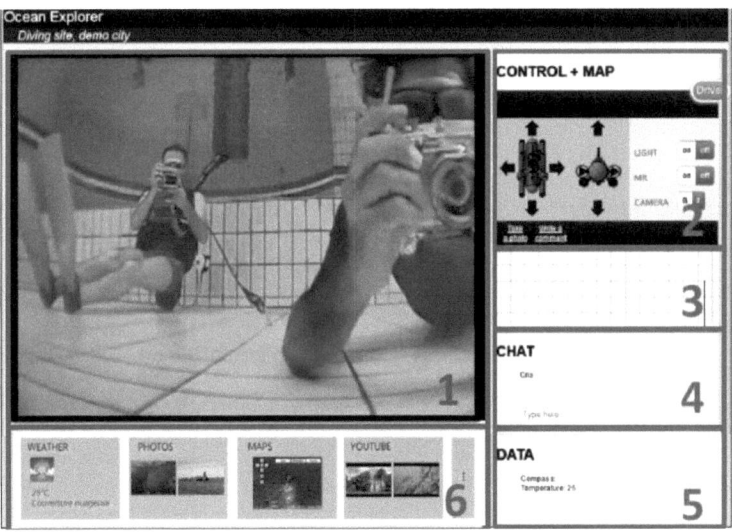

FIGURE 5.9 – Interface graphique de l'application Web.

L'application Web est écrite en PHP, HTML5, Javascript et CSS3. L'interface utilisateur (voir figure 5.9) est une interface homme-machine faite pour envoyer des commandes au ROV (téléopération), superviser les données des capteurs envoyées par le ROV (tableau de bord virtuel) et permettre à l'utilisateur d'interagir avec d'autres fonctionnalités (discussion via un chat avec d'autres plongeurs ou obtenir des informations via des webservices tels que l'affichage de la météo à la surface, cartes, photos géo-localisées, informations historiques à propos de la région de la plongée...) affichées sur la page web.

La vue web est subdivisée en six parties :

1. Vidéo de Réalité Mixte provenant de l'application ARCS ;
2. Panneau de navigation et de contrôle du ROV (déplacement, gestion des lumières du ROV, caméras) :
3. Canevas HTML5 permettant de tracer une trajectoire virtuelle ;
4. Un chat permettant de communiquer avec d'autres utilisateurs ;
5. Panneau de données permettant d'afficher directement les données renvoyées par les capteurs du ROV ;
6. Panneau web services permettant d'afficher des données relatives au site de plongée ;

5.4.1.5 Application ARCS

Conçue en suivant le patron standard d'applications ARCS qui est lui-même inspiré du modèle générique d'applications de Réalité Augmentée introduit par Asa MacWilliams, l'application est pensée de manière à pouvoir supporter plusieurs utilisateurs distants. L'architecture du *middleware* qui a été conçu pour ARCS [Chouiten *et al.*, 2011] nous permet de distribuer les différents composants du module déployé sur le site de l'application ARCS. Sachant que les autres modules sont déjà déployés sur différents sites, cela donne une grande flexibilité de l'architecture générale de l'application dans son ensemble. Le modèle de l'application est orienté données. Le flux vidéo provenant du ROV implique que pour chaque nouvelle image du flux vidéo traitée par le lecteur de flux, le composant de suivi/recalage recalcule les entités 3D visibles ainsi que leur position. ARCS supporte les moteurs 3D OGRE, ajouté spécifiquement pour cette application et Open Inventor (moteur de rendu utilisé dans les toutes premières applications basées sur ARCS). L'organisation des différents composants de cette application est visible sur la figure 5.10.

Selon le moteur de rendu choisi, le composant correspondant crée alors la représentation finale en mélangeant le flux en entrée avec le contenu 3D, potentiellement pris d'une base distante.

Le résultat final est alors, au choix, soit retourné comme un flux video augmenté qui sera transmis aux utilisateurs, soit comme un flux vidéo + différentes données pouvant servir à l'utilisateur final à créer une vue personnalisée. Il est important de noter que le gestionnaire de sortie supporte différents types de données qui peuvent être envoyées séparément aux utilisateurs qui peuvent ainsi constituer un mode d'affichage unique correspondant à leur besoins en terme de préférences et en terme de criticité et de priorisation de données à afficher. La figure 5.14 montre un exemple d'affichage de contenu en Réalité Mixte. Dans cet exemple, OGRE est utilisé comme moteur de rendu et le seul flux traité en entrée et le flux vidéo. Dans cet exemple, nous avons également regroupé le site utilisateur et le site du serveur web.

La machine à états est un composant spécifique de l'automate général (écrit en XML ou construit via l'outil graphique de conception d'application qui génère automatiquement le XML). La machine à états gère les connections entre les autres composants et est

CHAPITRE 5. APPLICATIONS

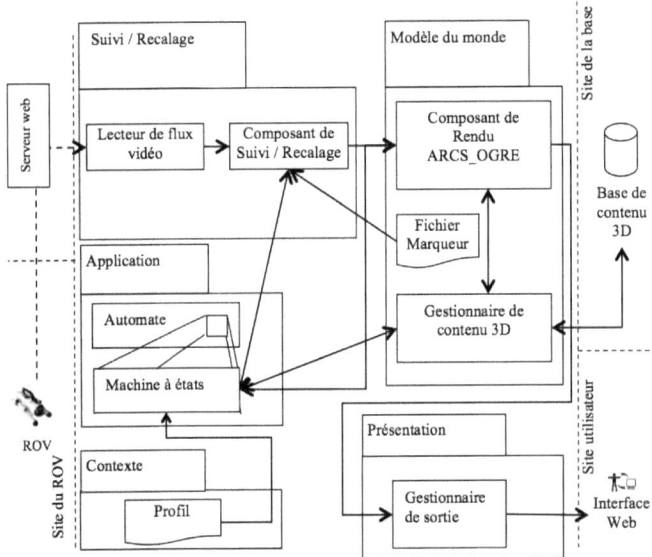

FIGURE 5.10 – Architecture de l'application ARCS de réalité mixte sous-marine.

initialisée par le profil (un fichier de configuration définissant les valeurs des constantes de l'application).

5.4.1.6 Transmission du flux de Réalité Mixte à travers le réseau

En vue de transmettre le flux de Réalité Mixte à travers Internet, le gestionnaire de sortie a besoin d'encoder et délivrer ce flux. Nous avons opté pour le format Ogg. Ogg est un standard ouvert et libre de tout brevet connu. Ogg est basé sur trois technologies : un conteneur (Ogg), un codec video (Theora) et un codec audio (Vorbis). Le gestionnaire de sortie diffuse à travers Internet en utilisant le protocole HTTP et le port 8080. Nous avons opté pour ce protovole pour éviter les problématiques liées aux pare-feux et aux filtres des serveurs proxys qui ne bloquent habituellement pas le traffic via le standard HTTP nécessaire aux utilisateurs du web.

5.4.1.7 Scenarios

L'application étant conçue pour être distribuée et relativement générique, différents scénarios ont été identifiés pour explorer la faisabilité de la solution globale. ARCS a déjà été évalué en tant qu'environnement logiciel et a démontré sa capacité à supporter en temps réel des applications de l'état de l'art actuel. Cependant, les performances de l'application ne dépendent pas uniquement de l'environnement utilisé mais également de la consommation des ressources réseau. Le scénario le plus simple est d'avoir un ROV qui communique avec le site de l'opérateur sur lequel sont regroupés tous les autres sites. Ici nous avons un utilisateur unique et la connexion réseau se limite à une connexion

CHAPITRE 5. APPLICATIONS

point à point. Les problèmes de performance se basent uniquement sur les capacités de la machine de l'opérateur en fonction du type d'application.

Dans le cas général, chaque site est sur une machine différente et il peut y avoir plusieurs utilisateurs. Le seul cas où de sérieux problèmes de performances peuvent se faire sentir intervient lorsque plusieurs utilisateurs doivent utiliser l'application en même temps. Il faudrait alors envisager de passer par une solution de type cloud dans le cas général ou multicasting pour un contenu qui serait identique à tous les utilisateurs.

5.4.1.8 Variantes de l'application et tests

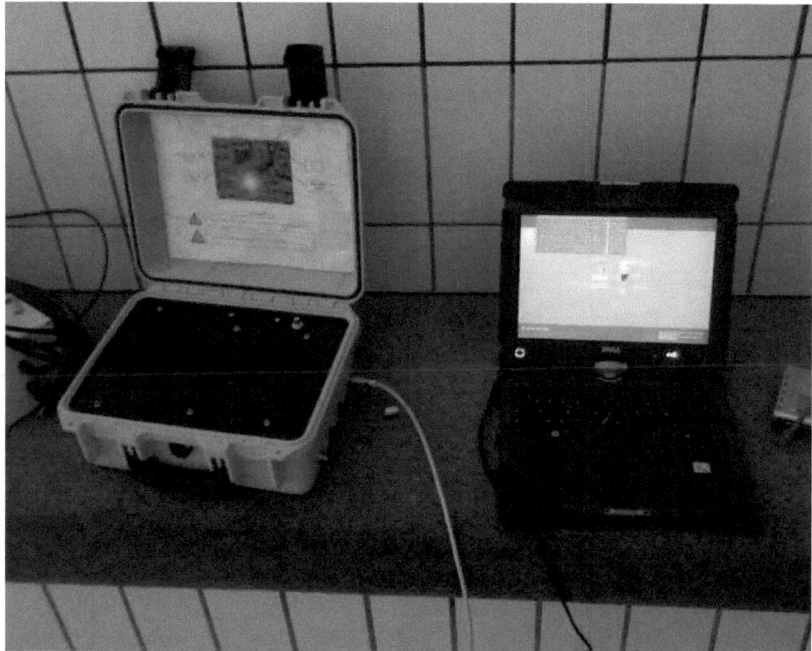

FIGURE 5.11 – Sur la gauche : Bloc ROV – Au centre : Ordinateur utilisé comme client et serveur – Sur la droite : Routeur wifi utilisé pour les tests.

Des tests ont été effectués à la fosse de plongée de Villeneuve-la-Garenne à l'UCPA Aqua 92. Ces tests ont non seulement servi à s'assurer de l'étanchéité du ROV et surtout à vérifier le fonctionnement en condition réelle du démonstrateur Web utilisant l'application ARCS. Le ROV est relié (avec un câble ombilical) à son block principal. Le bloc permet de charger les batteries du ROV et de le connecter au réseau pour le contrôle et la vidéo. Pour ce tests, nous avons mis en place un réseau local utilisant un routeur. Un ordinateur a été connecté à ce réseau. Cet ordinateur (x86 - Windows XP) faisait tourner l'application ARCS et l'application web sur un serveur Apache déployé en local.

L'augmentation temps réel de la scène a été effectuée en implémentant trois variantes de l'application correspondant chacune à un scénario d'utilisation. La première est l'aug-

CHAPITRE 5. APPLICATIONS

FIGURE 5.12 – Capture du flux de Réalité Mixte augmenté avec un modèle 3D en utilisant un marqueur (bouée augmentée).

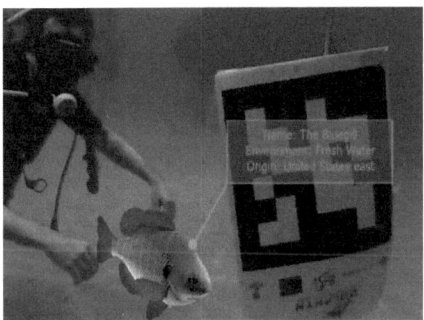

FIGURE 5.13 – Capture du flux de Réalité Mixte augmenté avec modèle 3D et texte en utilisant un marqueur (bouée augmentée).

FIGURE 5.14 – Capture du flux de Réalité Mixte augmenté avec modèle 3D animé (Moteur OGRE 3D).

mentation contextuelle de la scène (figure 5.14), qui consiste uniquement à rajouter des entités virtuelles pour améliorer l'immersion de l'utilisateur (ex. Ajout d'espèces de poissons typiques de l'éco-système de la zone de plongée ou des poissons ludiques dans une piscine). Le second scénario est basé sur du suivi basé marqueur (ex. Afficher des informations sur un marqueur de zone ou d'objet comme une épave de bateau ou une canalisation sous-marine devant être identifiée). Dans notre exemple (figures 5.12 et 5.13), ces marqueurs sont accrochés à des bouées. La troisième et dernière application consiste à caractériser des poissons en vue de leur classification et comptage automatique. Cette application est toujours en cours de développement.

5.4.2 L'application AR Drone

D'un point de vue fonctionnel, l'application a pour objectif d'exploiter le flux vidéo récupéré par des drônes de type AR Drones, de détecter des cibles visibles par les drônes et enfin de prévenir les personnes présentes dans le secteur couvert par le drône qu'une cible a été détectée. Par ailleurs l'application doit également permettre à plusieurs utilisateurs autorisés de visionner les cibles détectées en temps réel.

5.4.2.1 Infrastructure du système

L'infrastructure du système est simple, le drone est connecté en Wi-Fi à un serveur qui récupère le flux de données des capteurs (flux vidéo compris) et qui gère également le pilotage du drone via une interface utilisateur. Le drone n'étant pas matériellement prévu pour se connecter directement à internet il est impératif de le connecter soit à un dispositif mobile de type smartphone et tablette ou n'importe quel ordinateur avec une carte et une antenne Wi-Fi. Cependant, il n'y a pas d'application pour ordinateur classique fournie par le constructeur et qui soit destinée au grand public. Nous avons donc utilisé le SDK permettant d'accéder aux capteurs et actionneurs du drone. Tout opérateur qui pilote le drone doit impérativement passer par un webservice lui permettant d'accéder au serveur qui, lui, est connecté au drone. Dans notre exemple, les traitements visant à détecter les cibles 2D sont exécutés sur le serveur. Il est tout à fait envisageable d'envoyer les données brut au client qui se chargerait d'effectuer les traitements. Enfin, une fois qu'une cible est détectée, une notification de détection est transmise à des agents équipés de smartphones. Cette notification est également gérée par des webservices. Dans le cas des notifications par mail, elle est gérée par un webservice développé au sein du laboratoire et dans le cas des notifications par SMS, celle-ci est gérée par un webservice de l'opérateur de téléphonie.

5.4.2.2 l'AR Drone

L'ARdrone est un hélicoptère quadrirotor qui peut se piloter avec un appareil sous iOS (iPhone, iPod touch, iPad), Android ou Symbian (système d'exploitation des téléphones Nokia) via une liaison Wi-Fi. Il est principalement dédié au divertissement mais dispose de capteurs divers tels qu'une caméra frontale pour le pilotage, une seconde verticale pour la stabilisation, un accéléromètre trois axes, deux gyroscopes, deux émetteurs récepteurs à ultrasons permettant de calculer l'altitude, ainsi qu'un ordinateur embarqué fonctionnant sur noyau Linux. L'ARdrone est un drone conçu par la société française Parrot SA.

La fiche technique du drone est en annexe D.

CHAPITRE 5. APPLICATIONS

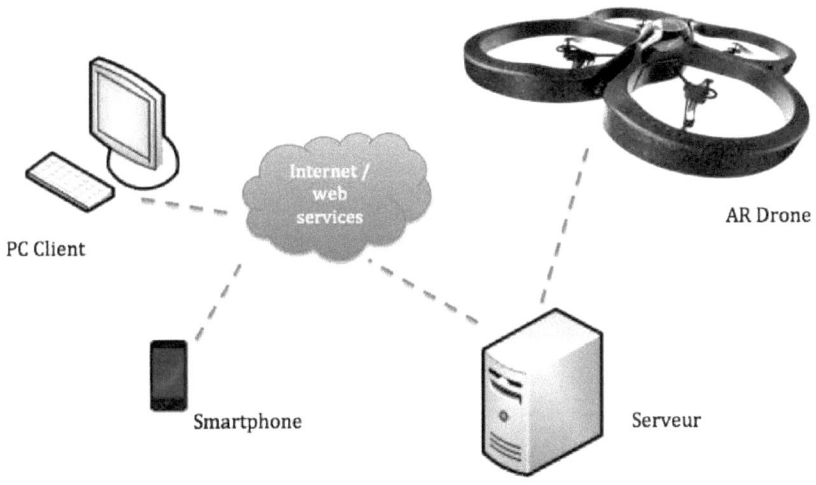

FIGURE 5.15 – Infrastructure du système.

FIGURE 5.16 – AR Drone vu de haut.

5.4.2.3 Serveur de traitement

C'est sur ce serveur qu'est lancé le module logiciel interagissant avec le drone. C'est le seul interlocuteur direct du drone. Ce serveur doit être équipé d'une carte wifi afin

CHAPITRE 5. APPLICATIONS

de réceptionner le flux vidéo et les données des différents capteurs. Il permet également d'envoyer des commandes haut niveau aux moteurs du drone (ascension, descente, avancer...). Ce serveur traitera le flux vidéo provenant de l'ARdrone, en utilisant les composants ARCS détaillés plus loin.

5.4.2.4 Internet / Nuage réseau

Il regroupe le réseau local et le réseau étendu, en effet, le résultat du traitement circule dans le réseau en suivant un chemin déterminé par les protocoles web dans le but d'atteindre les terminaux de destinations.

5.4.2.5 Machine cliente

C'est un ordinateur personnel appartenant à l'ensemble des ordinateurs clients qui peuvent interagir avec le serveur soit en tant que simple observateur soit en tant qu'opérateur indirect du drone. Il est également envisageable d'avoir différents traitements selon le client.

5.4.2.6 Téléphone client

C'est un téléphone appartenant à l'ensemble des téléphones clients qui seront avertis par mail ou SMS de la reconnaissance d'une cible sur les images transmises par la camera de l'AR drone.

5.4.2.7 Architecture de l'application

Les traitements effectués sur le serveur constituent le cœur de l'application. L'application est notamment constituée de quatre (04) modules :
– Module de récupération des données des capteurs du Drone ;
– Module RA de traitement des données capteurs ;
– Module client de webservices externes (SMS et Mail) ;
– Module permettant de proposer des services à des terminaux clients.

Au fur et à mesure que le flux vidéo est récupéré, les images sont envoyées en paramètre d'un slot de composant ARCS permettant la détection de points d'intérêt SURF [Bay et al., 2008]. A chacun de ces points d'intérêt est associé un vecteur de 128 valeurs servant à décrire le point. Ce descripteur servira notamment dans la phase d'appariement. En comparant les descripteurs des points d'intérêts détectés dans l'image originale et les descripteurs de points d'intérêt dans l'image provenant du flux vidéo, le composant ARCS a la possibilité d'associer les points d'intérêts qui sont détectés à la fois sur l'image originale et sur l'image courante. Si un certain nombre de points est détecté (seuil calculé en fonction du nombre de points dans l'image originale), nous pouvons considérer que la cible est reconnue. Ensuite, afin de pouvoir encadrer la cible sur l'image, il est possible d'estimer la pose de la caméra en ayant suffisamment de points appariés. Nous citons des exemples d'algorithmes d'estimation de pose dans l'annexe C.

– Module de récupération des données des capteurs du Drone ;
– Module RA de traitement des données capteurs ;
– Module client de webservices externes (SMS et Mail) ;
– Module permettant de proposer des services à des terminaux clients.

CHAPITRE 5. APPLICATIONS

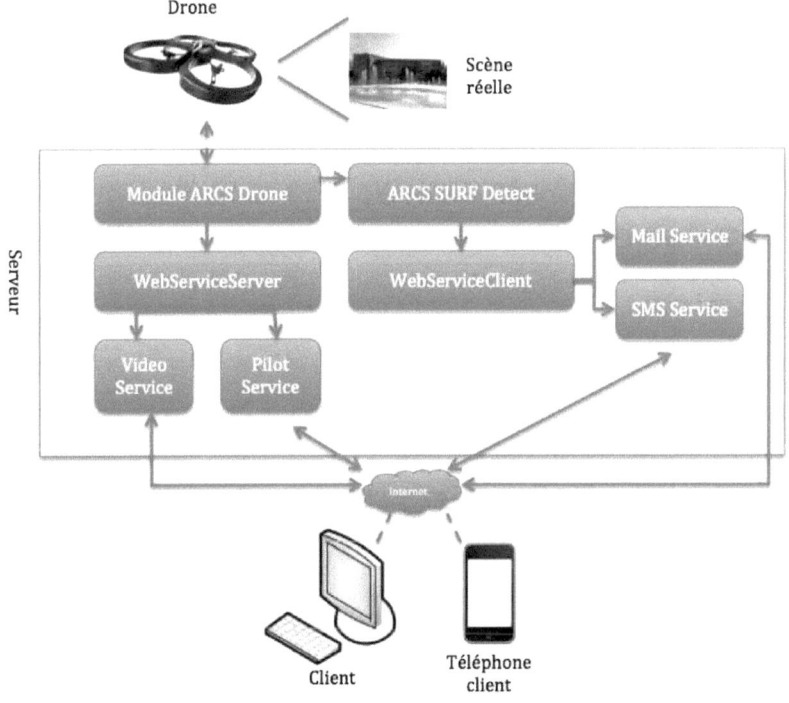

FIGURE 5.17 – Architecture de l'application.

Cependant, étant donné que dans notre cas précis, les cibles sont en 2D, il est plus simple de calculer l'homographie de la cible en partant des points appariés.

L'homographie 2D est une transformation linéaire entre deux plans projectifs. C'est à dire qu'un ensemble de points 2D projectifs q_i sur un plan π 1 (dans son système de coordonnées) peuvent être projetés sur un deuxième plan π 2 en des points p_i donnés par :

$$\mathbf{p}_i \propto \mathbf{H}\,\mathbf{q}_i, \quad \text{avec} \quad \mathbf{p}_i, \mathbf{q}_i \in \mathbb{P}^2$$

où

$$\mathbf{H} = \begin{bmatrix} h_1 & h_2 & h_3 \\ h_4 & h_5 & h_6 \\ h_7 & h_8 & h_9 \end{bmatrix}$$

Nous avons une relation d'un plan à l'autre :

$$\mathbf{p}\alpha\mathbf{H}\mathbf{q}$$

ou bien :

CHAPITRE 5. APPLICATIONS

$$\alpha\mathbf{p}=\mathbf{Hq}$$

Si nous avons deux vecteurs identiques à un facteur d'échelle près, alors :

$$\mathbf{p} \times \alpha\mathbf{p} = \mathbf{0}$$

Ce qui nous permet d'utiliser la relation :

$$\mathbf{p} \times \mathbf{Hq} = \mathbf{0}$$

On en a fait un système à trois équations :

$$\begin{bmatrix} 0 & 0 & 0 & -p_3q_1 & -p_3q_2 & -p_3q_3 & p_2q_1 & p_2q_2 & p_2q_3 \\ p_3q_1 & p_3q_2 & p_3q_3 & 0 & 0 & 0 & -p_1q_1 & -p_1q_2 & -p_1q_3 \\ -p_2q_1 & -p_2q_2 & -p_2q_3 & p_1q_1 & p_1q_2 & p_1q_3 & 0 & 0 & 0 \end{bmatrix} \mathbf{H} = \mathbf{0}$$

$$\mathbf{H} = (h_1, h_2, h_3, h_4, h_5, h_6, h_7, h_8, h_9)^\top$$

Il est bien entendu essentiel de normaliser les données (centrage et mise à l'échelle).

En pratique, on dispose rarement d'appariements tous corrects. Afin d'éliminer les faux appariements et d'éviter de les utiliser pour le calcul d'homographie, on essaie de minimiser l'erreur géométrique de reprojection [Chum *et al.*, 2005]. Le problème consiste à trouver les correspondances optimales de points entre images liées par une homographie. Si les points appariés sont bruités, il faut déterminer une paire de points qui respectent l'homographie et qui minimisent la distance géométrique aux points bruités donnés. La manière d'atteindre cet objectif est décrite dans [Chum *et al.*, 2005].

Nous avons testé cette application avec plusieurs types de cibles à détecter. Les résultats sont visibles sur les figures 5.19 et 5.20 tandisque la figure 5.18 montre un exemple d'appariement avec l'algorithme utilisé (Implémentation C++ OpenSURF de *Speeded-Up Robust Features* (SURF)).

FIGURE 5.18 – Exemple d'appariement de points SURF sur une image ayant subi une rotation et un changement d'échelle.

5.5 Conclusion

Dans ce chapitre, les différentes fonctionnalités de distribution du moteur de ARCS ont été mises à l'épreuve sur des applications concrètes faisant appel à des algorithmes

CHAPITRE 5. APPLICATIONS

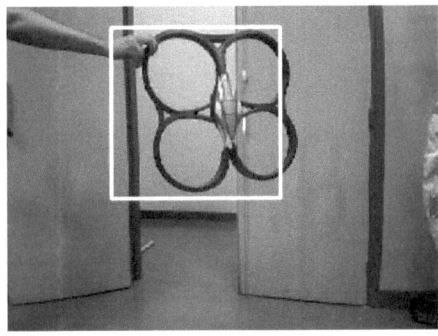

FIGURE 5.19 – Détection d'un carénage en mousse.

FIGURE 5.20 – Détection et suivi d'un marqueur.

très répandus dans les applications de RA et ce dans des contraintes spécifiques à la RA en terme de performance et d'utilisabilité.

Nous avons notamment démontré l'utilisabilité de notre environnement logiciel pour mettre en place des applications ARCS utilisant le *middleware* de composants d'une part et des applications basées services d'autre part. Nous avons montré que notre EL était capable de s'interfacer avec des web services externes hétérogènes et qu'il est également capable de se comporter comme serveur et être partie prenante d'un système complexe impliquant différentes technologies.

Par conséquent, nous faisons la preuve que notre EL peut supporter des applications d'envergure, faisant appel à des algorithmes de l'état de l'art de la RA et ce avec des exigences de robustesse industrielle notamment dans le cadre de sa mise en application avec succès dans le projet Digital Ocean.

Conclusion Générale et Perspectives

Dans le cadre de ce travail de thèse, nous nous sommes efforcés de tirer profit de la distribution pour les applications de Réalité Augmentée. Pour cela, il a notamment fallu suivre l'état de l'art des deux communautés. Dans un premier temps, nous avons introduit la problématique en précisant ce qu'est la RA et pourquoi la distribution constitue un des enjeux primordiaux d'actualité et d'avenir de la RA.

Dans le chapitre 1, nous avons clairement identifié et tracé les contours de la RA. Nous avons ensuite introduit les verrous auxquelles elle est confrontée. Parmi ceux-ci, l'hétérogénéité des environnements matériels et logiciels ayant introduit une réponse de la communauté en proposant des EL dédiés à la RA. Différents EL dédiés à la RA sont détaillés au sein du premier chapitre. La plupart des EL de RA ne supportent pas la distribution de composants. Les EL que nous avons évoqués dans ce chapitre sont parmi les rares à supporter la distribution. Nous avons abordé en détail la manière dans la distribution y est gérée afin de pouvoir capitaliser sur leur retour d'expérience.

Forts de nos enseignements du chapitre précédent, et ne voulant pas nous enfermer dans les approches déjà explorées. Nous nous sommes intéressées aux architectures distribuées en général. Dans le chapitre 2, nous traçons les contours des l'état de l'art des systèmes distribués non spécifiquement dédiés à la RA. Nous dégageons notamment deux paradigmes distincts et y associons un ensemble de technologies à chacun. Afin de mieux formuler notre proposition, nous opposons les deux paradigmes. Il en a résulté des avantages notables pour chacun des deux. Selon l'utilisation, il est préférable d'opter pour des *middlewares* classiques ou des services web.

Suite à ces deux chapitres, nous identifions aisément et clairement dans le chapitre 3 les points de jonction entre les deux états de l'art. La proposition d'architecture est formulée en ce sens. Cette proposition d'architecture comporte deux extensions principales à l'environnement logiciel dédié aux applications de RA original (ARCS). La première contribution est un *middleware* de composants logiciels dédié à la RA en ce sens qu'il permet aux composants de l'application de communiquer de façon transparente à travers le réseau en garantissant une reconfiguration automatique selon le scénario et un en-tête de messages le plus léger possible pour répondre aux contraintes de vitesse requises pour des applications de RA. La conception de ce *middleware* ainsi que le protocole de communication inhérent sont décrits dans la première partie du chapitre 3 et dans les publications [Chouiten *et al.*, 2011] et [Didier *et al.*, 2012]. Cette extension s'adapte également à la nouvelle architecture de ARCS en se structurant en famille de composants abstraits. Ainsi, un composant distribué est défini comme un composant de cette famille et dispose, sans fournir plus de précision, de toutes les propriétés et méthodes associées à cette famille de composants dotée de fonctionnalités abstraites précisées dans l'implémentation. Bien que ce *middleware* soit parfaitement utilisable et très utile pour des applications ARCS distribuées, il présente des limites du point de vue de la scalabilité et du point de vue de l'interopérabilité. C'est pourquoi, et en se basant sur l'état de l'art précédemment évoqué, nous avons également proposé une extension permettant aux applications ARCS de s'interfacer avec des web services externes et permettant aux applications ARCS de se comporter elles-mêmes en tant que services. Les formats supportés sont XML et JSON et couvre de fait une grande partie des API de web services (ces deux formats étant les plus populaires).

Suite à la proposition d'architecture formulée, une méthodologie d'évaluation qualitative et quantitative est menée au chapitre 4. Celle-ci est une proposition de méthodologie originale constituant une des contributions de cette thèse [Chouiten et al., 2012a], elle même inspirée de la méthodologie d'évaluation d'architectures logicielles SPE et appliquée à des modèles d'architectures structurés en fonction de patrons proposés par la communauté de RA et étudiés plus finement en formalisant les différents scénarios fonctionnels en scénarios de distribution énumérés à partir des retours d'expérience de la communauté de RA. Les types de données et les volumes correspondants aux échanges à travers le réseau pour chaque scénario de distribution. Une discussion sur la sélection de scénarios est abordée et la méthodologie d'évaluation quantitative pour une application détaillée. La méthodologie inclut également des critères qualitatifs génériques que nous avons confrontés à notre propre EL.

En guise de preuves de faisabilité concrètes (voir chapitre 5), les différentes fonctionnalités de l'environnement logiciel dédié à la RA distribuée ont fait l'objet d'applications démontrant son fonctionnement en situation réelle. Chacune des applications vise à illustrer un aspect particulier des capacités de distribution de l'environnement logiciel dédié à la RA. A savoir les capacités du *middleware* de composants interne à ARCS, le comportement des applications ARCS en tant que clients, le applications ARCS se comportant en tant que service ainsi que les applications ARCS hybrides arrivant à se comporter à la fois en tant que clients et web services. Ces applications, décrites au chapitre 5 peuvent également dans certains cas être une partie de systèmes plus complexes (comme pour l'exemple de l'application de RA sous-marine [Chouiten et al., 2012b].

5.6 Perspectives

Malgré les efforts fournis et les résultats obtenus, un travail de thèse, comme tout travail de recherche appelle forcément des améliorations futures. Premièrement, sur l'environnement dédié en lui-même. La piste explorée à la fin du chapitre 3 visant à offrir un serveur de services. Les services sont supposés être générés sur la base des requêtes d'un client spécifiant les composants utilisés et le workflow du service. Un service peut être constitué d'un seul composant ou d'un ensemble de composant coexistant et collaborant au sein d'une même feuille. Les combinaisons de composants sont tellement nombreuses qu'il est préférable de générer les services à la demande plutôt que de les lancer sans savoir quels services seront utilisés. Le serveur d'applications se comportant comme serveur de services générés à la volée à partir d'une requête de client décrivant la composition du service voulu est conçu dans les grandes lignes et en partie déjà existant d'un point de vue implémentation mais nécessite de préciser la conception du générateur et de l'intégration du serveur de services avec un moteur en cours d'exécution. Une problématique importante pour le générateur de services sera sans doute le fait d'avoir des requêtes simultanées et concurrentes d'exécution de services générés à la volée. Des efforts de développement sur le générateur de services doivent également être mis en œuvre.

En outre, en se basant sur la méthodologie proposée, il peut être utile d'établir un *benchmarking* de l'architecture proposée pour différents scénarios "typiques". D'autre part, le kit de démarrage réalisé pour omnet++ ne comprend en charge que le *middleware* de composants de ARCS et n'offre pas de cadre de travail pour des applications orientées services et hétérogènes. Cela implique notamment une redéfinition des scénarios selon les possibilités offertes par les web services et une étude revue sur les pire cas/meilleurs cas. Disposer de données chiffrées sur les deux extensions (*middleware* de composants et web services) peut bien entendu également fournir des contours de possibilités pour les applications hétérogènes combinant le *middleware* et l'utilisation de services web.

Enfin, il y a bien entendu de nombreuses perspectives liées aux applications elles-mêmes. Tant du point de vue des fonctionnalités proposées que de l'optimisation des algorithmes et de la validation de celles-ci par une utilisation plus intensive en situation réelle.

Bibliographie

[1278.1A-1998, 1998] 1278.1A-1998, I. (1998). Standard for distributed interactive simulation - application protocols.

[1516.1-2000, 2000] 1516.1-2000, H. I. (2000). Standard for modeling and simulation high level architecture – federate interface specification.

[Agarwal et al., 2007] AGARWAL, A., SLEE, M. et KWIATKOWSKI, M. (2007). Thrift : Scalable cross-language services implementation. Rapport technique, Facebook.

[ARCS, 2012] ARCS (2012). Arcs : Augmented reality component system. http ://arcs.ibisc.univ-evry.fr.

[Azuma et al., 2001] AZUMA, R., BAILLOT, Y. et FEINER, S. (2001). Recent advances in augmented reality.

[Backman, 2000] BACKMAN, A. (2000). Augmented reality.

[Bauer et al., 2001] BAUER, M., BRUEGGE, B., KLINKER, G., MACWILLIAMS, A., REICHER, T., RISS, S., SANDOR, C. et WAGNER, M. (2001). Design of a component-based augmented reality framework. In *Proceedings of the International Symposium on Augmented Reality (ISAR)*.

[Bauer et al., 2003] BAUER, M., HILLIGES, O., MACWILLIAMS, A., SANDOR, C., WAGNER, M., NEWMAN, J., REITMAYR, G., FAHMY, T., KLINKER, G., PINTARIC, T. et SCHMALSTIEG, D. (2003). Integrating Studierstube and DWARF. In *International Workshop on Software Technology for Augmented Reality Systems (STARS)*.

[Bay et al., 2008] BAY, H., ESS, A., TUYTELAARS, T. et VAN GOOL, L. (2008). Speeded-up robust features (surf). *Comput. Vis. Image Underst.*, 110(3):346–359.

[Bruzzone G., 2003] BRUZZONE G., Bono R., C. M. C. P. V. G. (2003). Internet-based teleoperation of the romeo rov in the arctic region. In *MCMC 2003 - 6th IFAC Conference on Manoeuvring and Control of Marine Craft*.

[Chouiten et al., 2012a] CHOUITEN, M., DIDIER, J. et MALLEM, M. (2012a). Distributed augmented reality systems : how much performance is enough ? In *Multimedia and Expo Workshops (ICMEW), 2012 IEEE International Conference on*, pages 337–342. IEEE.

[Chouiten et al., 2011] CHOUITEN, M., DIDIER, J.-Y. et MALLEM, M. (2011). Component-based middleware for distributed augmented reality applications. In *Proceedings of the 5th International Conference on Communication System Software and Middleware*, COMSWARE '11, pages 3 :1–3 :7, New York, NY, USA. ACM.

[Chouiten et al., 2012b] CHOUITEN, M., DOMINGUES, C., DIDIER, J.-Y., OTMANE, S. et MALLEM, M. (2012b). Distributed mixed reality for remote underwater telerobotics exploration. In *Proceedings of the 2012 Virtual Reality International Conference*, VRIC '12, pages 1 :1–1 :6, New York, NY, USA. ACM.

[Christensen et al., 2001] CHRISTENSEN, E., CURBERA, F., MEREDITH, G. et WEERA-WARANA, S. (2001). Web Service Definition Language (WSDL). Rapport technique.

[Chum et al., 2005] CHUM, O., PAJDLA, T. et STURM, P. (2005). The geometric error for homographies. *Comput. Vis. Image Underst.*, 97(1):86–102.

[Didier, 2005] DIDIER, J.-Y. (2005). *Contributions à la dextérité d'un système de réalité augmentée mobile appliqué à la maintenance industrielle*. Thèse de doctorat, Université d'Evry Val d'Essonne, Evry.

[Didier et al., 2012] DIDIER, J.-Y., CHOUITEN, M., MALLEM, M. et OTMANE, S. (2012). Arcs : A framework with extended software integration capabilities to build augmented reality applications. *In SEARIS'12*, pages 60–67.

[Didier et al., 2009] DIDIER, J.-Y., OTMANE, S. et MALLEM, M. (2009). Arcs : Une architecture logicielle reconfigurable pour la conception des applications de réalité augmentée. *Technique et Science Informatiques (TSI), Réalité Virtuelle - RéalitéAugmentée*, 28(6-7):891–919. Numéro spécial.

[Fallside et Walmsley, 2004] FALLSIDE, D. C. et WALMSLEY, P. (2004). XML Schema Part 0 : Primer Second Edition.

[Fielding, 2000] FIELDING, R. T. (2000). *Architectural styles and the design of network-based software architectures*. Thèse de doctorat. AAI9980887.

[Friedrich, 2002] FRIEDRICH, W. (2002). Arvika " augmented reality for development, production and service. *In Proceedings of the 1st International Symposium on Mixed and Augmented Reality*, ISMAR '02, pages 3–, Washington, DC, USA. IEEE Computer Society.

[Fuchs et al., 2010] FUCHS, P., HUGUES, O. et NANNIPIERI, O. (2010). Proposition d'une Taxonomie Fonctionnelle des Environnements de Réalité Augmentée. *In AFRV2010. Cinquième Journées de l'Association Française de Réalité Virtuelle et de l'Interaction 3D.*, Orsay, France. 8 pages.

[Google, 2012] GOOGLE (2012). Ingress website. http://www.ingress.com.

[Grimm et al., 2002] GRIMM, P., HALLER, M., PAELKE, V., REINHOLD, S., REIMANN, C. et ZAUNER, R. (2002). Amire - authoring mixed reality. *In Augmented Reality Toolkit, The First IEEE International Workshop*, page 2 pp.

[Grosso, 2001] GROSSO, W. (2001). *Java RMI*. O'Reilly & Associates, Inc., Sebastopol, CA, USA, 1st édition.

[Gu et Marshall, 2004] GU, Q. et MARSHALL, A. (2004). Network management performance analysis and scalability tests : Snmp vs. corba. *In NOMS (1)'04*, pages 701–714.

[Haar, 1910] HAAR, A. (1910). Zur Theorie der orthogonalen Funktionensysteme. *Mathematische Annalen*, 69(3):331–371.

[Harel et Thiagarajan, 2003] HAREL, D. et THIAGARAJAN, P. S. (2003). Message sequence charts. *In In UML for Real : Design of Embedded Real-Time Systems*, pages 77–105. Kluwer Academic Publishers.

[Harris et Stephens, 1988] HARRIS, C. et STEPHENS, M. (1988). A combined corner and edge detector. *In In Proc. of Fourth Alvey Vision Conference*, pages 147–151.

[Hicks et al., 2002] HICKS, J. D., FLANAGAN, R. A., PETROV, P. V. et STOYEN, A. D. (2002). Eyekon : Augmented reality for battlefield soldiers. *Software Engineering Workshop, Annual IEEE/NASA Goddard*, 0:156.

[Hintjens, 2010] HINTJENS, P. (2010). ZeroMQ : The Guide.

[Hughes et al., 2005] HUGHES, C. E., STAPLETON, C. B., HUGHES, D. E. et SMITH, E. M. (2005). Mixed reality in education, entertainment, and training. *IEEE Comput. Graph. Appl.*, 25:24–30.

[Irawati et al., 2008] IRAWATI, S., AHN, S. C., KIM, J. et KO, H. (2008). Varu framework : Enabling rapid prototyping of vr, ar and ubiquitous applications. *In VR'08*, pages 201–208.

[Jenkyns et CSC, 2010] JENKYNS, R. et CSC, S. (2010). Neptune canada : Data integrity from the seafloor to your (virtual) door. *In OCEANS Conference*.

[Joiner, 2001] JOINER, J. T. (2001). *NOAA Diving Manual : Diving for Science and Technology (4ème édition)*. Best Publishing Co., USA.

[Livny et Raman, 1998] LIVNY, M. et RAMAN, R. (1998). Teleimmersion. *In* FOSTER, I. et KESSELMAN, C., éditeurs : *The Grid : Blueprint for a New Computing Infrastructure*. Morgan Kaufmann.

[Lowe, 1999] LOWE, D. G. (1999). Object recognition from local scale-invariant features. *In Proceedings of the International Conference on Computer Vision-Volume 2 - Volume 2*, ICCV '99, pages 1150–, Washington, DC, USA. IEEE Computer Society.

[Lowe, 2004] LOWE, D. G. (2004). Distinctive image features from scale-invariant keypoints. *Int. J. Comput. Vision*, 60(2):91–110.

[Maamar et al., 2003] MAAMAR, Z., SHENG, Q. Z. et BENATALLAH, B. (2003). Interleaving web services composition and execution using software agents and delegation. *In In Proc. Workshop on Web Services and Agent-Based Engineering*.

[MacIntyre et Feiner, 1996] MACINTYRE, B. et FEINER, S. (1996). Language-level support for exploratory programming of distributed virtual environments. *In Proceedings of the 9th annual ACM symposium on User interface software and technology*, UIST '96, pages 83–94, New York, NY, USA. ACM.

[MacWilliams et al., 2004] MACWILLIAMS, A., REICHER, T., KLINKER, G. et BRUEGGE, B. (2004). Design patterns for augmented reality systems. *In Proceedings of the International Workshop exploring the Design and Engineering of Mixed Reality Systems (MIXER), Funchal, Madeira, CEUR Workshop Proceedings*.

[MacWilliams et al., 2003] MACWILLIAMS, A., SANDOR, C., WAGNER, M., BAUER, M., KLINKER, G. et BRUEGGE, B. (2003). Herding sheep : Live system development for distributed augmented reality. *In Proceedings of the 2nd IEEE/ACM International Symposium on Mixed and Augmented Reality*, ISMAR '03, pages 123–, Washington, DC, USA. IEEE Computer Society.

[Maza M., 2005] MAZA M., Baselga S., O. J. (2005). Vehicle teleoperation with a multisensory driving interface. *Climbing and Walking Robots Journal*.

[Microsystems, 1988] MICROSYSTEMS, S. (1988). Rpc : Remote procedure call protocol specification.

[Milgram et al., 1994] MILGRAM, P., TAKEMURA, H., UTSUMI, A. et KISHINO, F. (1994). Augmented reality : A class of displays on the reality-virtuality continuum. *SPIE : Telemanipulator and Telepresence Technologies*, 2351:282–292.

[Mitra et Lafon, 2007] MITRA, N. et LAFON, Y. (2007). SOAP Version 1.2 Part 0 : Primer (Second Edition). Rapport technique, World Wide Web Consortium.

[Morales Garcia et al., 2009] MORALES GARCIA, R., KEITLER, P., MAIER, P. et KLINKER, G. (2009). An underwater augmented reality system for commercial diving operations. *In OCEANS 2009 MTS/IEEE, Biloxi, Mississippi, USA, November 2009.*

[nguyen Ta et al., 2009] nguyen TA, D., chao CHEN, W., GELFAND, N. et PULLI, K. (2009). Surftrac : Efficient tracking and continuous object recognition using local feature descriptors. *In In IEEE Conf. on Computer Vision and Pattern Recognition (CVPR09.*

[Ohlenburg et al., 2004] OHLENBURG, J., HERBST, I., LINDT, I., FRÖHLICH, T. et BROLL, W. (2004). The morgan framework : enabling dynamic multi-user ar and vr projects. *In Proceedings of the ACM symposium on Virtual reality software and technology*, VRST '04, pages 166–169, New York, NY, USA. ACM.

[OMG, 2012] OMG (1997-2012). Omg website. http://www.omg.org.

[Onlive, 2012] ONLIVE (2012). Onlive website. http://www.onlive.com.

[Peltz, 2003] PELTZ, C. (2003). Web services orchestration : a review of emerging technologies, tools, and standards. *Technical Paper.*

[Piekarski et Thomas, 2001] PIEKARSKI, W. et THOMAS, B. (2001). Tinmith-evo5 – an architecture for supporting mobile augmented reality environments. *In Proceedings of the IEEE and ACM International Symposium on Augmented Reality (ISAR'01)*, pages 177–178, Washington, DC, USA. IEEE Computer Society.

[Pustka et al., 2010] PUSTKA, D., HUBER, M., WAECHTER, C., ECHTLER, F., KEITLER, P., NEWMAN, J., SCHMALSTIEG, D. et KLINKER, G. (2010). Ubitrack : Automatic configuration of pervasive sensor networks for augmented reality. *IEEE Pervasive Computing*, 99(PrePrints).

[Roston et al., 2007] ROSTON, J., BRADLEY, C. et COOPERSTOCK, J. R. (2007). Underwater window : High definition video on venus and neptune. *In Oceans 39;07*, pages 1–8.

[Sattar et Dudek, 2009] SATTAR, J. et DUDEK, G. (2009). Underwater human-robot interaction via biological motion identification. *In Proceedings of Robotics : Science and Systems*, Seattle, USA.

[Schmalstieg et al., 2002] SCHMALSTIEG, D., FUHRMANN, A., HESINA, G., SZALAVÁRI, Z., ENCARNAÇÄO, L. M., GERVAUTZ, M. et PURGATHOFER, W. (2002). The studierstube augmented reality project. *Presence : Teleoper. Virtual Environ.*, 11:33–54.

[Schmalstieg et Wagner, 2008] SCHMALSTIEG, D. et WAGNER, D. (2008). Mobile phones as a platform for augmented reality. *In Proceedings of the IEEE VR 2008 Workshop on Software Engineering and Architectures for Realtime Interactive Systems.*

[Smith, 1990] SMITH, C. U. (1990). *Performance engineering of software systems.* Addison-Wesley.

[Smith et al., 2002] SMITH, C. U., WILLIAMS, L. G., LLOYD et WILLIAMS, G. (2002). Performance and scalability of distributed software architectures : An spe approach. *An SPE Approach", Parallel and Distributed Systems*, 13.

[Stanley et Scott, 1995] STANLEY, J. et SCOTT, C. (1995). The effects of the underwater environment on perception, cognition and memory. *In OCEANS '95. MTS/IEEE. Challenges of Our Changing Global Environment. Conference Proceedings.*, volume 3, pages 1539–1548 vol.3.

BIBLIOGRAPHIE

[Svirskas et al., 2005] SVIRSKAS, A., WILSON, M., MATTHEWS, B., ARENAS, A., R, D. M., GALLOP, J., BICARREGUI, J. et LAMBERT, S. (2005). Towards an efficient, reliable and collaborative web : from distributed computing to semantic description, composition and matchmaking of services.

[Szyperski, 2002] SZYPERSKI, C. (2002). *Component Software - Beyond Object-Oriented Programming (Second edition)*. Addison-Wesley, Harlow, England.

[Tokunaga et al., 2003] TOKUNAGA, E., van der ZEE, A., KURAHASHI, M., NEMOTO, M. et NAKAJIMA, T. (2003). Object-oriented middleware infrastructure for distributed augmented reality. *In ISORC'03*, pages 156–163.

[V. Ambriola, 1993] V. AMBRIOLA, G. T. (1993). *Chapter 1 : An Introduction to Software Architecture, Advances In Software Engineering And Knowledge Engineering*. World Scientific Pub Co, Singapore.

[Vallino, 1998] VALLINO, J. R. (1998). Interactive augmented reality. Rapport technique, Rochester, NY, USA.

[Viola et Jones, 2001] VIOLA, P. A. et JONES, M. J. (2001). Rapid object detection using a boosted cascade of simple features. *In CVPR (1)*, pages 511–518.

[VRPN, 2012] VRPN (2012). Vrpn 07.30. http ://www.cs.unc.edu/Research/vrpn/index.html.

[Wang et al., 2008] WANG, X., WU, F. C. et WANG, Z. (2008). Harris feature vector descriptor (hfvd). *In 19th International Conference on Pattern Recognition (ICPR 2008), December 8-11, 2008, Tampa, Florida, USA*, pages 1–4. IEEE.

[Wen et al., 2007] WEN, Y., ZHANG, W., WOLSKI, R. et CHOHAN, N. (2007). Simulation-based augmented reality for sensor network development. *In Proceedings of the 5th international conference on Embedded networked sensor systems*, SenSys '07, pages 275–288, New York, NY, USA. ACM.

[Winer, 1999] WINER, D. (1999). XML-RPC Specification.

[Woods et al., 2003] WOODS, E., MASON, P. et BILLINGHURST, M. (2003). Magicmouse : an inexpensive 6-degree-of-freedom mouse. *In In Proceedings of the 1st international conference on Computer graphics and interactive techniques in Australasia and South East Asia*, pages 285–286. ACM Press.

[Wright, 2005] WRIGHT, M. (2005). *A Detailed Investigation of Interoperability for Web Services*. Rhodes University.

[Yohan et al., 2000] YOHAN, S. J., JULIER, S., BAILLOT, Y., LANZAGORTA, M., BROWN, D. et ROSENBLUM, L. (2000). Bars : Battlefield augmented reality system. *In In NATO Symposium on Information Processing Techniques for Military Systems*, pages 9–11.

BIBLIOGRAPHIE

Annexe A

Détails du protocole de communication à travers le middleware de ARCS

La distribution sous ARCS tient du peer-to-peer. Il existe un composant maître qui maintient la liste des communications entre les différents services et le client. Il est à noter qu'à cause de la structure en peer-to-peer, les services incorporent également un client.

A.0.1 Connexion

Il y a trois types de connections qui peuvent se produire :
– Maître/signal à esclave/slot (sens maître – esclave) ;
– Esclave/signal à maître/slot (sens esclave – maître) ;
– Esclave/signal à Esclave/slot (sens esclave – esclave) ;

Maître/signal à maître/slot n'a évidemment pas de sens puisqu'une connexion directe est effectuée, sans passer par un protocole réseau quelconque. Le Maitre étant toujours unique alors que plusieurs esclaves peuvent coexister.

A.0.2 Sens maître – esclave

Une trame de type SLOT_REQUEST est envoyée.
Actions du maître
– 1 création d'un proxy-slot ;
– 2 émission d'une requête de connexion vers l'esclave.
– nom du slot ;
– 6 attente d'une trame de réponse ;
– identifiant de connexion établie.
Actions de l'esclave
– 3 réception de la trame ;
– 4 création d'un proxy-signal ;
– 5 émission d'une trame portant l'identifiant de proxy créé vers le maître.

A.0.3 Sens esclave - maître

Une trame de type SIGNAL_REQUEST est envoyée. Actions du maître
– 1 créationd'un proxy-signal ;

ANNEXE A. DÉTAILS DU PROTOCOLE DE COMMUNICATION À TRAVERS LE MIDDLEWARE DE ARCS

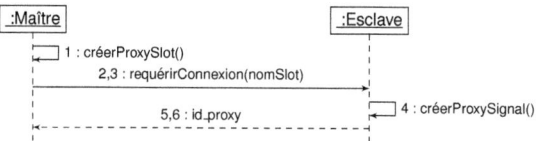

FIGURE A.1 – Création d'une communication maître-esclave

- 2 émission d'une requête de connexion vers l'esclave ;
- identifiant du proxy-signal créé ;
- source du signal ;
- nom du signal.
- 6 attente d'une réponse de confirmation.

Actions de l'esclave
- 3 réception de la trame ;
- 4 création d'un proxy-slot ;
- 5 émission d'un accusé de réception.

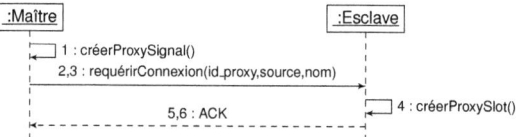

FIGURE A.2 – Création d'une communication esclave-maître

A.0.4 Sens esclave – esclave

Plusieurs trames vont circuler. Dans l'idée, nous voulons connecter un signal d'un esclave a à un esclave b. Actions du maître
- 1 émission d'une requête de connexion (CONNECT_REQUEST) vers l'esclave a ;
- nom du signal ;
- nom du slot ;
- destination du slot.
- 10 attente d'un accusé de réception

Actions de l'esclave a
- 2 réception d'une trame ;
- 3 émission d'une requête de connexion vers l'esclave b de type SLOT_REQUEST ;
- nom du slot ;
- 7 réception d'une trame avec identifiant de connexion ;
- 8 création d'un proxy-slot ;
- 9 envoi d'un accusé de réception au maître.

Actions de l'esclave b
- 4 réception d'une trame de type SLOT_REQUEST ;
- 5 création d'un proxy-signal ;
- 6 émission d'une trame portant l'identifiant du proxy créé.

ANNEXE A. DÉTAILS DU PROTOCOLE DE COMMUNICATION À TRAVERS LE MIDDLEWARE DE ARCS

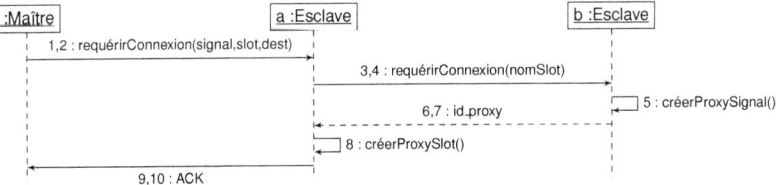

FIGURE A.3 – Création d'une communication esclave-esclave

ANNEXE A. DÉTAILS DU PROTOCOLE DE COMMUNICATION À TRAVERS LE MIDDLEWARE DE ARCS

Annexe B

Détails du modèle d'application de ARCS

B.1 Modèle d'application

Le modèle d'application de ARCS, dans sa version la plus récente décrit toute application comme un ensemble de processus (techniquement, de *threads*). Chacun de ces *threads* est contrôllé par une machine d'états finis. Quand l'état interne de la machine à états change, cela engendre un changement dans la manière dont les différents composants sont connectés entre eux. Un ensemble de connexions aussi bien qu'un ensemble d'invocations de composants (en vue de les initialiser et de lancer le flux de traitement des données) est appelé une feuille. En accord avec ce concept, chaque *thread* est, à un moment donné, dans un état donné qui correspond à une feuille active. Les feuilles partagent les mêmes composants instanciés à partir du même groupement de composants.

Ainsi, les composants n'appartiennent pas à un *thread* en particulier mais les slots peuvent être invoqués par différents *threads*. Ce modèle nous permet de décrire les aspects du *multi-threading* des applications directement dans l'EL et décharge le développeur de composants de l'implémentation de méthodes spécifiques liées au *multi-threading* au sein des composants eux-mêmes.

Comme dit précédemment, chaque *thread* maintien une feuille active à la fois. Un cycle d'activation de feuille suit les étapes suivantes :

1. Le contrôleur (machine à états) reçoit un jeton (d'un composant dans la feuille active) qui va déclencher une transition et dès lors, changer l'état du contrôleur ;

2. Tous les composants de la feuille courante seront déconnectés les uns des autres ;

3. Le nouvel état du contrôleur correspond à une autre feuille. D'abord, quelques invocations, appelées invocations de pré-connexions, sont exécutées sur les composants pour les initialiser correctement ;

4. Puis les connexions sont établies selon la description de la nouvelle feuille ;

5. Les invocations de post-connexion sont finalement exécutées en vue de lancer le flux de traitement des données à proprement parler.

ANNEXE B. DÉTAILS DU MODÈLE D'APPLICATION DE ARCS

B.2 Modèle de composant

Le modèle de composant est imposant dans ARCS parce qu'il permet d'intégrer des composants d'autres systèmes de composants. ARCS décrit les composants comme étant des entités ayant des signaux (sorties) et des slots (entrées). Le mécanisme signal/slot est bien connu notamment de par son utilisation dans les bibliothèques d'interface graphique comme Qt en l'occurrence. Il dérive également du patron de conception observateur.

La communication à travers le mécanisme signal/slot est synchrone. La composition de composants peut être effectuée de deux manières différentes : la première est à travers la composition de connexions où un composant émet un signal qui est traité par un slot d'un autre composant. La deuxième est à travers la composition d'invocation. Dans ce cas, un composant est passé comme paramètre au slot d'un autre composant.

Parmi ses spécificités, ARCS propose un modèle de composants abstrait qui permet d'introduire de nouveaux types de composants ou de nouveaux comportements de composants tant qu'ils respectent le schéma signal/slot. Pour faire en sorte que le moteur de ARCS reconnaisse ces nouveaux types de composants venant d'un autre système de composants, on doit hériter de la classe de composants abstraits qui représente le comportement qui est requis pour des composants ARCS.

Dès lors, pour sous-classer la classe *AbstractComponent*, on doit ré-implémenter :
- l'instantiation et la destruction du composant réel : *AbstractComponent* est une interface qui maintient le composant réel et gère les références vers ce composant ;
- la gestion des signaux/slots : les entrées et sorties du composant réel doivent être redéfinies et rendues disponibles au moteur de ARCS comme signaux / slot ;
- Gestion des connexions : le *wrapping* est réputé introduire des temps de calculs allongés. Ici, la gestion des connexions aide à améliorer les performances des connexions entre les composants venant du même système de composants. Dans le cas de deux composants n'appartenant pas au même système de composants, la gestion des connexions doit aussi implémenter un mécanisme de *fallback* en vue de faire collaborer les deux composants ;
- Sérialisation/Désérialisation : principalement utilisée à l'instantiation des composants réels. La désérialisation permet de configurer le composant selon le contenu d'une chaine passée par une description XML de l'application.

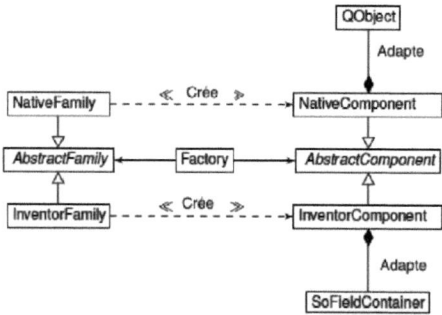

FIGURE B.1 – Diagramme UML de la fabrique de composants du moteur de ARCS.

Étant donné que l'idée est de rendre possible l'extension de ARCS en l'interfaçant avec d'autres systèmes de composants, le moteur de ARCS contient un *factory* (fabrique) qui peut être étendu en introduisant de nouvelles familles de composants. Chaque famille étant reliée à un système de composant différent. La fabrique de composants dans le moteur de ARCS peut alors utiliser plusieurs familles dérivant d'une classe appelée *AbstractFamily* qui est l'interface servant à instancier les composants. Ses fonctionnalités principales sont la gestion des fabriques de composants aussi bien que l'instantiation de composants. La figure B.1 montre un diagramme de classe d'une partie du moteur de ARCS où la fabrique de composants intervient.

ANNEXE B. DÉTAILS DU MODÈLE D'APPLICATION DE ARCS

Annexe C

Outils mathématiques pour la reconstruction 3D

C.1 Détection et description de points d'intérêt

Partant d'une série d'image calibrées (ou un flux vidéo), la première étape est de détecter et de décrire des points d'intérêts SURF. SURF [Bay *et al.*, 2008] est un algorithme partiellement inspiré de SIFT [Lowe, 2004] mais plus rapide que ce dernier tout en étant robuste aux différentes transformations d'image. Une grande partie de la performance de SURF est due à l'utilisation d'images intégrales. Les images intégrales, d'abord introduites en infographie en 1984, sont aujourd'hui également très utilisées en vision par ordinateur pour calculer des sommes de valeurs (d'intensité par exemple) dans des régions rectangulaires depuis leur reformulation dans la méthode de Viola et Jones [Viola et Jones, 2001] en 2001. Ces sommes sur des sous-régions sont notamment utiles dans le calcul d'ondelettes de Haar [Haar, 1910] (utilisées aussi bien dans la méthode de Viola et Jones que dans SURF).

Etant donné une image I et un point (x,y), l'image intégrale I_Σ est donnée par la somme des valeurs des points entre (x,y) et l'origine :

$$I_\Sigma(x,y) = \sum_{i=0}^{i \leq x} \sum_{j=0}^{j \leq y} I(x,y)$$

Ensuite, en utilisant l'image intégrale, le calcul d'une sous région rectangulaire est réduit à quatre opérations. Si nous considérons un rectangle déterminé par quatre sommets A, B, C et D comme dans la figure C.1, la somme des intensités des pixels de cette région peut être simplement obtenu par :

$$\Sigma = A + D - (C + B)$$

Le détecteur SURF est basé sur le déterminant de la matrice hessienne. Celle-ci est constituée des dérivées partielles de second degré d'une fonction à deux variables (x et y). Dans notre cas, la hessienne est calculée pour la fonction de l'intensité sur les deux dimensions de l'image.

$$H(f(x,y)) = \begin{bmatrix} \frac{\partial^2 f}{\partial x^2} & \frac{\partial^2 f}{\partial x \partial y} \\ \frac{\partial^2 f}{\partial x \partial y} & \frac{\partial^2 f}{\partial y^2} \end{bmatrix}$$

ANNEXE C. OUTILS MATHÉMATIQUES POUR LA RECONSTRUCTION 3D

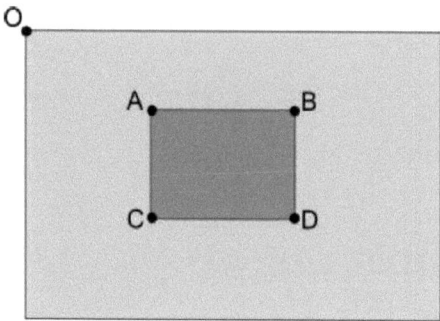

FIGURE C.1 – Calcul de sous région en utilsant les images intégrales.

Son déterminent, aussi appelé discriminant, est donné par :

$$det(H) = \frac{\partial^2 f}{\partial x^2}\frac{\partial^2 f}{\partial y^2} - \left(\frac{\partial^2 f}{\partial x \partial y}\right)^2$$

Ce déterminent est utilisé pour classer les extrema de la fonction grâce au dérivées secondes de la fonction. Étant donné que le déterminent est le produit des valeurs propres de la matrice hessienne, on peut classer les points en se basant sur le signe du résultat. Si le déterminent est négatif alors les valeurs propres ont des signes différents et donc le point n'est pas un extremum mais un col (point selle). Si par contre, le déterminent est positif, les valeurs sont soient toutes les deux négatives, soient toutes les deux positives. Dans les deux cas, le point est un extremum local (maximum pour des valeurs propres négatives et minimum pour des valeurs propres positives).

Traduire ces principes pour comprendre leur fonctionnement avec des images plutôt que sur une fonction continue est assez trivial. La fonction en question f(x,y) est simplement représentée par les intensités des différents pixels I(x,y). Ensuite, une méthode est requise pour calculer la dérivée partielle de second ordre. Une convolution avec un noyau donné peut jouer ce rôle. Une recherche des extrema sur plusieurs échelles est effectuée. Dans le cas de SURF, le filtre est un filtre gaussien. Le gaussien étant isotrope (circulairement symétrique), il garantit l'invariance à la rotation.

Le descripteur de point d'intérêt se base sur une fenêtre autour du point d'intérêt. La première étape est d'établir l'orientation du point d'intérêt puis d'y associer un vecteur de descripteurs constitué de soixante quatre (64) éléments représentant des ondelettes de Haar calculées sur des points pris avec un pas constant dans la fenêtre du point d'intérêt. Le pas est directement lié à l'échelle dans laquelle le point d'intérêt est détecté.

Plusieurs implémentations du détecteur et du descripteur SURF existent (avec certaines variations) et sont régulièrement mises à jour et optimisées. Dans notre cas, nous avons opté pour une bibliothèque dont l'implémentation utilise des types construits comme une surcouche de types de la bibliothèque OpenCV. Cette implémentation de SURF est nommée OpenSURF, programmée en C++ et prévue pour s'exécuter aussi bien sur processeur central (CPU) que sur processeur graphique (GPU).

ANNEXE C. OUTILS MATHÉMATIQUES POUR LA RECONSTRUCTION 3D

C.2 Appariement

Cette étape consiste simplement à comparer les descripteurs de points d'intérêt SURF détectés sur deux images et de pouvoir identifier quel point d'intérêt dans l'image A correspond à quel point d'intérêt dans l'image B. Afin d'éviter les faux appariements, il est très fréquent de se baser sur la distance minimale qui sépare deux points d'intérêt différents au sein de la même image et de définir un seuil lié à cette distance minimale pour éliminer les appariements pour lesquels la distance d'une image à l'autre est supérieure au seuil défini.

C.3 Calcul de la matrice fondamentale

Une fois que des correspondances sont établies entre les points d'intérêt, le but est d'obtenir une matrice permettant d'associer à chaque point dans l'image d'origine, un autre point dans l'image courante. La matrice fondamentale, de dimension 3 x 3, permet d'associer à un point une droite sur laquelle le point correspondant est susceptible de se trouver (contrairement à une homographie qui associe un point à un point). Plusieurs algorithmes de calcul de la matrice fondamentale existent (7-Points, 8-points, méthode des moindres carrés, RANSAC...). Dans notre cas, nous avons utilisé l'algorithme RANSAC qui fait des appels successifs à l'algorithme 8-points avec différentes combinaisons de points d'intérêts correctement appariés. Les grandes étapes de l'algorithme sont :

1. Prendre aléatoirement huit (8) appariements ;
2. Exécuter l'algorithme 8-points pour ces 8 appariements et obtenir la matrice fondamentale ;
3. Calculer le coût de chaque correspondance pour la matrice fondamentale obtenue et la classer en inlier / outlier (accepté / rejeté) ;
4. Si le nombre d'appariements acceptés pour cette matrice est le nombre maximal d'appariements acceptés jusque là, assigner cette matrice à la meilleure estimation.
5. Recalculer le nombre d'itérations supplémentaires à effectuer. Le nombre d'itérations dépend notamment de la probabilité minimale recherchée.

$$k = \frac{\log(1-p)}{\log(1-w^n)}$$

w^n est la probabilité que tous les points soient des inliers. $1 - w^n$ est donc la probabilité que au moins un (01) point soit rejeté. p est la probabilité minimale visée. Dans notre cas, elle est de 99% pour assurer que l'algorithme ne s'arrête qu'au moment où nous disposons d'une matrice fondamentale quasi parfaite (pour l'ensemble d'appariements trouvé).

6. Vérifier si le nombre d'itérations a atteint le nombre d'itérations requis. Si oui, arrêter et retourner la meilleure estimation, sinon refaire une itération.

C.4 Calcul de la matrice caméra

Une matrice qui associe des points 3D du monde réel avec des points 2D sur un plan est appelée matrice caméra. Sur une succession de poses (position + orientation de la caméra), si l'on considère la première comme étant l'origine, les matrices caméras entre les différentes frames nous donnent le déplacement de la caméra. La matrice caméra est une matrice 3 x 4. Elle est souvent dénotée par $P = [A|B]$. Où A est une matrice 3 x 3 et B une matrice 3 x 1.

Estimer un ensemble de matrices caméra projectives à partir de la matrice fondamentale est relativement simple. Afin de simplifier les calculs, et sachant que nous ne voulons que le déplacement d'une position à une autre (entre 2 poses successives), nous choisissons une des caméras comme étant l'origine pour les points 3D. Ainsi, la matrice origine devient $[I|0]$. Cela implique qu'il ne reste à calculer que la matrice pour la deuxième pose.

La matrice associée à cette pose peut être générée comme $[S|e']$ où e' est l'épipole et S est une matrice antisymétrique. Un choix idéal de S est qu'elle soit le produit de la généralisation antisymétrique de e' avec la matrice fondamentale ($S = [e']_x F$).

Ainsi, pour récapituler, $P_{origine} = [I|0]$ et $P_{courante} = [[e']_x F|e']$.

Note : si $a = (a_1, a_2, a_3)^T$ alors $[a]_x$ est donné par :

$$\begin{matrix} 0 & -a_3 & a_2 \\ a_3 & 0 & -a_1 \\ -a_2 & a_1 & 0 \end{matrix}$$

A partir de là, nous pouvons calculer les coordonnées des points 3D. Cette étape est appelée Triangulation.

C.5 Triangulation

La triangulation est le processus permettant de déduire les coordonnées de points 3D à partir de leurs projections sur des plans 2D (plans caméras).

Le problème de la triangulation est trivial en théorie. Partant du fait que chaque point dans une image correspond à une droite dans l'espace 3D, tous les points sur la ligne sont projetés sur le point dans l'image. Si une paire de points est appariée entre deux images, ils sont la projection du même point 3D. L'intersection des deux droites (ou plus) générées par le passage de l'espace 2D vers l'espace 3D représente le point 3D triangulé.

C.6 Ajustement de faisceaux

Quel que soit la précision de l'appareil et de son calcul de position, on ne peut avoir une précision infinie, il existera toujours une erreur de mesure. Cette erreur est d'autant plus présente qu'on travaille avec des appareils portables et donc moins précis. Pour palier à ce défaut, il faut pouvoir éliminer ces erreurs de mesures. C'est justement l'objectif de l'ajustement de faisceaux. On va chercher à recalculer les positions des points et les données de la caméra (position et orientation) de façon à minimiser cette erreur sur l'ensemble des données. Celles-ci incluent à la fois la position des points tridimensionnels déterminés à partir des images fournies mais également les caractéristiques de la caméra (position, orientation, calibrage) aux différents moments de prise de vues. On recalcule ainsi simultanément la position de la caméra et la position des points. En effet l'erreur ne porte pas seulement sur le calcul des points mais aussi sur ce qu'on sait de la caméra à un instant donné.

ANNEXE C. OUTILS MATHÉMATIQUES POUR LA RECONSTRUCTION 3D

Les méthodes de Dog-Leg et de Levenberg-Marquardt sont deux méthodes d'ajustement de faisceaux utilisant une région de confiance. Ces méthodes plutôt que de calculer séparément la direction et l'amplitude du déplacement à effectuer, cal- culent le déplacement dans un champ d'investigation réduit, la région de confiance, où on estime que l'approximation locale $mk(\delta)$ de la fonction de coût est correcte. On travaillera donc sur le problème sous contrainte :

$$\min_\delta m_k(\delta) = \Delta^2(x) + \nabla^{(k)t}\delta + \frac{1}{2}{}^t\delta \mathcal{B}_\Delta^{(k)} \delta$$
$$\text{Sous la contrainte : } \|\delta\| \leq \Gamma^{(k)}$$

Avec :
δ le déplacement à estimer
$B(k)$ une approximation de la matrice Hessienne Δ
$\nabla(k)$ le gradient de la fonction de coût $\Gamma(k)$ le rayon de confiance

Ces algorithmes ont la propriété de mettre à jour le rayon de confiance et ainsi de s'adapter facilement et rapidement au problème traité.

C.6.0.1 Algorithme de Dog-Leg

L'algorithme de Dog-Leg est l'un des premiers algorithmes par région de confiance développée. Il utilise les méthodes d'optimisation de Gauss-Newton et de descente de Gradient pour calculer le déplacement optimal au sein de sa région de confiance. Pour cela il calcule les déplacements de Gauss-Newton et de descente de gradient. Puis détermine le déplacement optimal, le point de Cauchy, le long de la direction de descente de gradient. L'algorithme réalise ensuite une interpolation entre le point de Cauchy et le déplacement de Gauss-Newton, en plaçant la distance optimale au niveau du rayon de confiance. Enfin à chaque itération de l'algorithme, le rayon de confiance est recalculé de façon à s'adapter au nouveau problème redéfini localement.

C.6.0.2 Algorithme de Levenberg-Marquardt

En pratique l'algorithme de Dog-Leg s'adapte bien aux problèmes bien conditionnés, c'est à dire aux problèmes dépendant peu des données et donc peu influencé par les erreurs de mesures. Cette dépendance au conditionnement correcte peut générer des problèmes de rapidité et de qualité de convergence de l'algorithme. L'algorithme de Levenberg-Marquardt permet de palier à ces difficultés en introduisant un terme d'amortissement λ qui transforme le problème contraint en problème non-contraint et rend facile son adaptation au cours de l'algorithme en fonction de l'éloignement à la solution. On peut ainsi montrer que la solution du problème de région de confiance δ_* est solution du problème non-contraint :

$$(\mathcal{B}_\Delta + \lambda^2 \mathcal{D})\delta^* = -\nabla$$

Avec D une matrice définie positive de régularisation qui sera la matrice identité I ou la diagonale de la matrice BΔ Grâce à cette reformulation du problème on pourra privilégier la descente de gradient lorsque l'on se trouve loin de l'optimum et Gauss-Newton lorsque l'on se rapproche de celui-ci, ce qui permettra de conserver tout au long de l'algorithme une convergence quadratique. Contrairement à l'algorithme de Dog-Leg où le rayon de confiance ne servait qu'à influencer l'amplitude du déplacement, le terme d'amortissement sert à jouer à la fois sur l'amplitude et sur la direction, il est donc plus compliqué à choisir au départ. Cependant le choix d'une valeur déterminé empiriquement donne souvent de très bon résultat. Enfin un autre intérêt de Levenberg-Marquardt est la possibilité de choisir une région de confiance ellipsoïdale et non sphérique à l'aide de la matrice D en utilisant la diagonale de la Hessienne plutôt que la matrice identité. Ce qui revient à poser une optimisation sous contrainte du type : $\| D\delta \| \leq \Gamma^{(k)}$

C.6.0.3 Comparatif

Les deux algorithmes permettent le calcul de l'optimum de la fonction de coût et utilise à la base la même méthode pour résoudre ce problème. Cependant l'algorithme de Dog-Leg s'il est suffisant pour des problèmes théoriques manque d'adaptabilité lors de problèmes pratiques en particulier en raison des erreurs de mesures qui surviennent inévitablement.

Ainsi lorsque de tels problèmes surviennent il n'est plus efficace et peut même devenir difficilement terminable. Au contraire l'algorithme de Levenberg-Marquardt s'il est plus difficile à débuter est plus efficace globalement et s'adapte plus facilement au cas d'erreurs de mesure.

C.6.0.4 Implémentations existantes

C.6.0.4.1 Le Sparse Bundle Adjustement (SBA)

Le SBA est un algorithme basé sur la région de confiance. Il utilise en premier lieu une implémentation de l'algorithme de Levenberg-Marquardt. Cependant dans le but d'optimiser les calculs il exploite l'indépendance des données entre elle, ce qui implique un relatif vide dans la structure de la jacobienne et de la hessienne de la fonction de coût. Il enregistre donc seulement les parties pleines de la jacobienne ce qui permet un gain de temps de calcul et de mémoire nécessaire à l'exécution.

C.6.0.4.2 Le Simple Sparse Bundle Adjustement (SSBA)

Le SSBA est un algorithme équivalent au SBA, cependant il a été optimisé pour permettre l'ajustement des paramètres de la caméra. Il permet une bonne adaptabilité grâce au fait qu'il permet d'implémenté une caméra possédant les propriétés de distorsion de la caméra ou non. Il propose également des sets de données grâce auxquels on pourra faire un certain nombre de tests.

En raison de son efficacité, ce code a été préféré au SBA plus gourmand en temps de calcul.

Annexe D

Fiche technique de l'AR Drone utilisé

D.1 Introduction

L'AR drone est un aéronef commandé à distance prévu à l'origine pour un usage ludique. Il est produit par la société française Parrot qui a par ailleurs accepté de fournir les deux drones utilisés dans l'application ARCS drone décrite dans cette thèse. L'AR Drone est un Quadricoptère Wi-Fi contrôlable à partir de dispositifs mobiles divers (iOS ou Android) ou n'importe quel ordinateur disposant d'une connexion WiFi (sous réserve de développement d'une application le permettant). Parrot propose certaines applications pour contrôler et jouer avec le drone et permet via un SDK l'accès aux commandes et au données des capteurs du drone. C'est ce SDK qui a été utilisé pour l'application ARCS drone.

D.2 Principales caractéristiques

Nous nous concentrons ici sur les caractéristiques matérielles et logicielles du drone en lui-même sans évoquer les fonctionnalités exclusivement permises par les applications associées à ce matériel.
- Liaison numérique Wi-Fi en mode ad-hoc (pas besoin de routeur Wifi). Portée : jusqu'à 50 mètres
- Deux caméras vidéo (une frontale et une verticale) avec retour en direct sur l'écran (LiveView)
- Stabilisation automatique en vol et assistance complète au pilotage (jusqu'à 3m d'altitude)
- Vitesse de déplacement maximale de 5 m/s (18km/h)
- Autonomie : 12 minutes

D.3 Dimensions

- Avec carène protectrice pour vol en intérieur : 52,5 x 51,5 cm – Poids : 400 g
- Avec carène profilée pour vol en extérieur : 45 x 29 cm – Poids : 360 g

D.4 Réseau

Module Wi-Fi b/g intégré et configuré en mode Ad-hoc

D.5 Vidéo

Comme évoqué précédemment, l'AR drone comprend deux (02) caméras. Une frontale et une verticale (orientée vers le bas).

D.5.1 Caméra frontale

- Caméra grand angle
- Caméra VGA (640 x 480) grand angle, diagonale de 93, capteur CMOS
- Encodage et streaming des images

D.5.2 Caméra verticale

- Caméra haute vitesse
- Caméra QCIF (176*144), angle de vue de 64 degrés, capteur CMOS
- Calcul de la vitesse de déplacement horizontal à 60 Hz
- Encodage et streaming des images

D.6 Centrale inertielle

- Accéléromètre MEMS (*Microelectromechanical systems*) 3 axes
- Gyromètres MEMS 2 axes XY
- Gyromètre de précision sur l'axe Z
- Système anti-vibration

D.7 Altimètre ultrason

- Fréquence sonore : 40kHz
- Portée : 6 mètres
- Fréquence des mesures : 25 Hz
- Système anti-ultrason provenant d'un autre AR.Drone

D.8 Ordinateur embarqué

- CPU Parrot P6 à coeur ARM926 32bits-468MHz
- Système d'exploitation Linux
- Mémoire DDR 128 Mo
- Mémoire Flash 128 Mo
- Mise à jour du firmware par Wifi ou USB

D.9 Assistance au pilotage

- Décollage et atterrissage automatiques
- Point fixe automatique en intérieur et en extérieur (vent inférieur à 15 km/h, altitude en dessous de 3m)
- Régulation automatique de l'altitude et de la vitesse V2 modes de commandes de vol intérieur (précision) ou extérieur (rapide)
- Modes débutant (2 commandes) et expert (une seule commande)
- Bouton d'arrêt d'urgence des moteurs

D.10 Aéronautique et structure

- Hélices haut rendement dessinées spécialement
- Structure en tubes de carbone
- Plastique PA66 chargé en fibres
- Une carène en polystyrène profilée pour le vol en extérieur
- Une carène en polystyrène protégeant les hélices pour le vol en intérieur

D.11 Moteurs et énergie

- 4 Moteurs brushless interchangeables (4000 tr/minutes, puissance : 15W)
- 4 Contrôleurs de moteurs brushless à commande numérique
- Batterie Lithium Polymère (3 cellules, 11,1V, 1000 mAh) norme UL2054 protégée
- Temps de charge : 1h30

D.12 Système de sécurité

- carène en polystyrène pour vol en intérieur ;
- blocage automatique des hélices en cas de contact ;
- batterie norme UL2054 protégée ;
- interface de contrôle avec bouton d'arrêt d'urgence des moteurs.

ANNEXE D. FICHE TECHNIQUE DE L'AR DRONE UTILISÉ

Oui, je veux morebooks!

i want morebooks!

Buy your books fast and straightforward online - at one of world's fastest growing online book stores! Environmentally sound due to Print-on-Demand technologies.

Buy your books online at

www.get-morebooks.com

Achetez vos livres en ligne, vite et bien, sur l'une des librairies en ligne les plus performantes au monde! En protégeant nos ressources et notre environnement grâce à l'impression à la demande.

La librairie en ligne pour acheter plus vite

www.morebooks.fr

VDM Verlagsservicegesellschaft mbH
Heinrich-Böcking-Str. 6-8   Telefon: +49 681 3720 174   info@vdm-vsg.de
D - 66121 Saarbrücken   Telefax: +49 681 3720 1749 www.vdm-vsg.de

Printed by Books on Demand GmbH, Norderstedt / Germany